KB136775

속도가 빨라지는
# 역전 공부법

속도가 빨라지는
## 역전 공부법

초판 1쇄 펴낸 날 | 2017년 7월 20일

지은이 | 이형준
펴낸이 | 이종근
펴낸곳 | 도서출판 하늘아래

주소 | 서울시 종로구 이화장1가길 부광빌딩 402호
전화 | (02)374-3531
팩스 | (02)374-3532
이메일 | haneulbook@naver.com

등록번호 | 제300-2006-23호

# 속도가
# 빨라지는
# 역전
# 공부법

이형준 지음

# 피할 수 없다면 승부를 걸어라
### - 시험을 모르면, 시험에 당한다

성공의 사다리를 오르기 전에,

사다리가 정확한 건물에 놓여 있는지를 먼저 확인하라

— 스티븐 코비

천국으로 가는 사다리인 줄 알고 죽을힘을 다해 올라갔더니, 그 끝에 헬게이트가 열려 있다면 어떨까? 도로 내려가서 다시 아무 사다리나 타고 올라가겠는가? 바보 같은 소리 아니냐고? 한국의 학생들이 바로 그런 일을 한다. 그 사다리에는 대개 '과외', '학원', '선행학습'이라는 이름이 붙어 있다. 또한 사다리를 내려와서 처음부터 다시 올라가는 경우, 우리는 그런 경우를 '재수한다'고 표현한다.

공부를 하는 이유가 인격을 도야(陶冶)하고 정신을 수양(修養)하기 위해서라면, 시간이 오래 걸려도 문제가 안 된다. 혹은 학문적 성취를 목표로 삼을 때도 마찬가지다. 그러나 시험을 목적으로 한 공부라면 이야기가 달라진다. 시험은 언제나 예고된 날짜가 있다. 그 전까지 어떻게든 공부를 끝내야 한다. 또한 일단 치러지는 시험에선 시간 안에 모든 것을 쏟아내야 한다. 누구나 아는 이야기 아니냐고? 아니, 대개의 경우 모르는 이야기다. 그 증거로, 학생들은 시험이 무엇인지 생각하지 않는다. 따라서 시험을 위한 공부가 무엇인지도 생각하지 않는다. 이러한 태도는 전략의 부재(不在)로 이어진다. 수많은 학습법에 관한 책들이 나오지만, 그 중 단 한 권이라도 제대로 읽는 학생이 과연 얼마나 될까. 또한 읽었더라도, 그 중 하나라도 실천하고 있는 학생은 또 얼마나 될까.

학교에 있다 보면 성적이 안 나와서 우는 학생을 보기도 하고, 풀이 죽어지내는 학생을 보기도 한다. 또한 어떻게든 성적표 발송 날짜를 알아내서 부모님보다 먼저 손에 넣으려는 학생도 본다. 이런 것을 보면 시험이란 많은 학생들에게 두려움의 대상인 건 분명한 것 같다. 또한 두려움이 크다 보니 시험이란 적(敵)에 대해 제대로 살피지 않는 것 같다. 하지만 피한다고 해결될 일이 아니다. 무언가를 '못 한다'는 것은 '안 한다'에서 시작되기 때문이다. 이를 시험에 대입하면 '시험에 대해 생각하지 않는다'→'시험을 못 본다'의 패턴으로 이어진다. 이 문제를 해결하는 방법은 오직 하나, 시험이 무엇인지, 시험 그 자체를 아는 것에서 출발하는 것이다.

나는 합리성을 인생 최고의 덕목으로 삼는다. 그래서 최소 공부로 최대 효과를 얻을 수 있는 방법을 찾기 위해 노력해 왔다. 학생들도 시험공부를 해야 하지만, 그건 어른들도 마찬가지다. 시험을 볼 때마다 매번 죽을힘을 다해야 한다면, 나는 무슨 일이 있어도 시험을 보지 않겠다. 하지만 다행스럽게도 그럴 필요가 없다. 시험을 어떻게 준비해야 하는지만 정확히 안다면, 지금보다 훨씬 적은 노력으로도 원하는 결과를 얻을 수 있기 때문이다.

학생들은 학원을 왜 다니는가? 과외는 또 왜 받는가? 모두 성적을 올리기 위해서다. 그런데 굳이 사교육을 받아야만 괜찮은 성적이 나오는 걸까? 나는 학생들에게 이러한 질문을 던지고 싶다. 이 책을 읽는 학생이라면 최소한 공부를 어떻게 해야 하는지 고민하고 있을 것이기 때문이다.

이 책에서 말하고자 하는 것은 하나뿐이다. 철저하게 시험을 위한 공부를 할 것이며, 그러기 위해 '순서'를 바꿀 것. 오직 그것만이 원하는 결과를 얻는 방법이기 때문이다. 순서를 바꾸는 이유는 공부 속도를 올리기 위해서다. 또한 공부 속도를 올리려면 반복을 해야 한다. 같은 내용을 반복해서 볼 때마다 속도가 빨라지기 때문이다. 결국 공부란 '빠른 속도의 반복'이다. 이것만 제대로 해내도 원하는 결과를 얻을 수 있다.

세상에는 노력만 하고 원하는 것을 얻지 못하는 사람들이 있다. 나는 열심히 살고 자신의 인생에 진지한 사람을 좋아한다. 하지만 바로 그런 학생들이 자신만의 고집으로 실패하는 과정을 몇 년째 지켜

보고 있기도 하다. 학생 본인이 가장 괴롭겠지만, 옆에서 계속되는 실패를 지켜보는 교사도 안타깝고 힘든 건 마찬가지다. 물론 크게 보면 그러한 실패도 인생 공부인 건 맞다. 하지만 방식을 바꿔 공부한다면, 적어도 시험에선 자신의 기대치보다 높은 성과를 얻을 수 있다.

어떤 이유로 시험을 준비하든, 결과를 얻고 싶다면 결과가 나오는 공부를 하기 바란다. 초점을 제대로 잡지 않고 공부하기에 좋은 결과로 이어지지 않는 것이다. 지금 하는 공부 방식이 과연 효과가 있었는지 계속 질문하라. 그러면 끊임없이 개선할 수 있다.

한 가지 바라는 것이 있다. 바로 학생들이 열심히 놀 수 있었으면 좋겠다는 것. 학생들은 생각보다 어중간하게 시간만 보내는 경우가 많다. 하지만 공부만 제대로 끝낸다면, 보다 맘 편하게 놀 수도 있는 것은 아닐까. 이 책은 학생들이 죽도록 노력하라는 의미로는 절대 쓰지 않았다. 도리어 원하는 결과를 빨리 얻고, 나머지는 자신의 삶을 즐기라는 뜻으로 쓴 것이다. 공부란 기본적으로 힘든 것이다. 그래서 되도록 빨리 끝낼 수 있어야 한다. 평생 공부라면 몰라도, 시험공부라면 안 될 것도 없다. 게다가 효율적 반복은 머리가 탁월하게 좋지 않아도 된다. 보통의 지능이고, 끈기가 있는 사람이면 누구나 할 수 있기에 그렇다.


자신을 위해 노력하는 당신을 항상 응원하고 싶다. 모쪼록 이 책을 통해 원하는 결과로 가는 길을 발견하길 희망한다.

공부에 있어서 최선은 혼자 할 수 있는 경지에 이르는 것이다. 그 수준에 도달하기 위해 방법을 찾는 학생은 많지 않다. 다들 교사가 알아서 해주기를 바랄 뿐이다. 그런데 내 수업 시간에 이뤄지는 수업은 내가 진행하지 않는다. 학생들이 준비하고 진행한다. 또한 학생들의 수업이 못 미덥다고 내가 따로 자료를 제공하지도 않는다. 대신 시험 문제는 철저히 교과서만 가지고 낸다.

왜 이런 일을 할까? 누구나 홀로서기하는 법을 배워야 하기 때문이다. 일부 학생들은 교사인 내가 직접 수업해주기를 바란다. 그러나 나는 안다. 내가 설명하는 순간 학생들은 졸게 될 것이다. 이것은 학생이 나빠서도, 교사가 무능해서도 아니다. 그저 강의식 수업 방식이 나쁠 뿐이다. 이런 수업을 하면 가르치는 사람은 매우 힘들다. 따라

서 뭔가 해준 것 같은 느낌은 받을 것이다. 그러나 내가 힘든 것이 수업의 목표일까? 절대 아니다. 중요한 건 교사가 얼마나 가르쳤느냐가 아니라 학생이 얼마나 배웠는가이기 때문이다. 현대 사회에서 교사의 역할은 가르치는 사람이 아니라 배우게 하는 사람이다. 학생 중심수업을 세상이 요구하고 있기 때문이다. 교사는 가르치는 사람이 아니라 이정표를 세우고 안내하는 사람이므로, 학원 강사와는 역할이 분명 다르며 또한 마땅히 그래야 한다.

그러나 한편으론 세상이 학교에 여전히 문제풀이를 요구한다. 왜일까? 문제풀이를 잘해서 좋은 점수를 받은 학생이, 자신이 원하는 것을 할 자격을 얻기 때문이다(물론 입시라는 측면에선 그렇다는 말이다). 다시 말해 문제를 잘 푼다는 것은 기회를 잡는데 매우 유리한 조건인 셈이다. 그런데 이러한 조건을 갖기 위해 학교에서 14시간 내지 15시간을 남아서 꼭 공부해야 할까? 그렇지는 않다. 본인이 공부하는 모습을 살펴보자. 정말로 하루 14시간 이상을 꼬박 집중하는가? 배운 내용이 온전히 이해되는가? 자습할 땐 초점을 맞추어 시간 낭비 없이 공부하고 있는가? 그렇지 않다는 것을 우리 모두 알고 있다. 단지 의식하지 않을 뿐이다.

공부할 때 가장 중요한 것은 초점을 맞추는 것이다. 나는 이를 '의식화'라 부른다. 어떤 공부를, 어떻게, 왜 해야 하는지 생각하지 않고 시도한다면 그건 시간 낭비. 혹시 렌즈로 빛을 모아 종이를 태우는 장난을 해 본 적이 있는가? 초점을 맞추지 않고 렌즈를 검은색 종이에 갖다 대봐야 불이 붙진 않는다. 불이 붙는 것은 렌즈와 종이의 준비 외에, 초점을 맞추겠다는 의식적 노력이 더해질 때만 가능하다. 거꾸로 말하자면 초점을 맞추겠다는 의지만 발휘하면, 각각의 재능으로 얼마든지 원하는 결과를 얻을 수 있다는 뜻이다.

비행기가 날아갈 때는 일정한 항로를 유지할 수 없다. 왜냐하면 기상 조건이 계속 변화하기 때문이다. 실제 비행기는 원래의 예상 이동 경로에서 99% 이탈해 있다고 한다. 그런데도 비행기가 제 시간에 목적지에 도달할 수 있는 까닭은 무엇일까? 목적이 분명하기 때문이다. 시험공부 또한 그렇게 할 수 있다. 목표가 분명하고 공부하는 방법만 제대로 이해한다면, 그리고 꾸준히 한다면 당신도 충분히 할 수 있는 일이다. 성적을 올리는 것은 단순히 공부를 한다는 의미와는 엄연히 다르기 때문이다.


나는 실제 학교에서 근무하기 전에 과외 강사를 경험한 적이 있다. 보통 10시간을 가르치면, 40~50점을 맞던 학생도 85~90점 이상을 맞았다. 이런 일이 어떻게 가능할까? 초점화가 이뤄졌기 때문이다. 내가 한 일이라곤 시험 범위의 문제를 미리 확보한 다음, 반복해서 문제를 풀게 한 것이 다였다. 정말이다. 이 단순한 과정만 거치면 보통 이상의 지능을 가진 사람은 모두 점수가 오를 수 있다.

뒤에서 밝히겠지만 점수가 오르지 않는 이유 중 하나는 편견이 존재하고 그 때문에 자신의 공부법이 아니라 남이 좋다는 공부법

만 따라 하기 때문이기도 하다. 그러나 평생 공부를 해야 하는데 언제까지 남의 공부법을 흉내만 내야 할까? 그래서는 안 된다. 자신의 공부법을 완성하지 못한다면 당신은 평생 그저 그런 수준의 공부만 하게 된다. 이 책의 내용도 마찬가지다. 필요한 것을 흡수해서 자신의 것으로 만들지 않는다면, 이 책은 그저 남의 이야기일 뿐이다. 그러니 반드시 자신의 것으로 만들겠다는 의식적인 노력을 해주기 바란다.

대개의 학생들이 하는 공부란 교과서나 참고서를 비롯한 각종 이론서를 보고, 요약하고 정리하며, 문제를 푸는 단계로 나간다. 그러나 이러한 방법은 대개 실패한다. 이렇게 공부하는 것은 내용을 이해한 다음에야 암기한다는 뜻인데, 이해를 하다가 지치기 때문이다. 일단 이런 방법은 시간이 너무 많이 걸린다. 그러니까 얼마간 하다가 포기하고, 다시 얼마간 하다가 포기하기를 반복한다. 어리석은 공부다. 그런 식으로는 성과가 나오지 않는다. 그럼 어떻게 공부해야 할까? 순서를 바꿔야 한다. 즉 문제집을 통해 문제와 답을 확인하고, 문제집의 해설을 통해 내용 공부를 한다. 교과서나 참고서는 도무지 이해가 안 갈 때만 말 그대로 참고한다.

많은 학생들이 나에게 묻는다. 이해를 못하고 어떻게 문제를 푸느냐고. 그러나 이해만 하려 애쓰다가, 공부를 다 못해 시험장에서 찍기만 하는 건 어떻게 설명할 것인가? 이해를 하든 못하든, 당신의 목표는 높은 점수를 받는 것이다. 그러니까 하다못해 찍기라도 하는 것은 아닐까? 그럼 차라리 공부법을 바꾸는 게 어떨까. 이해를 못해도 높은 점수를 받을 수 있다면 당연히 그런 방법을 찾아야 한다. 그런 식의 공부법은 편법인 것 같다고? 글쎄, 그렇게 믿는 게 정말 당신의 생각인지, 아니면 남에게 주입받은 생각인지 다시 한 번 생각해 보기 바란다.

시험공부의 목적은 높은 점수를 얻거나 빠르게 합격하는 것이다. 진짜 공부는 시험을 통과해서 자격을 갖춘 다음에 해도 된다. 또한 실제로 그렇게 진행된다. 취업 때 실무 경력까지 요구하는 회사가 늘고 있다. 자격을 얻는 것은 어디까지나 최소 조건일 뿐이다.

잠깐 계산해 보자. 학생들은 한 학기에 중간고사와 기말고사를 치른다. 3년간 총 12번의 시험을 치르는 셈이다. 또한 매번 시험마다 준비하는 과목을 평균 10과목이라 하면, 시험을 총 120번 정도 치르게 된다. 그러나 이건 어디까지나 정규 시험만을 이야기할 뿐이다. 각종 모의고사까지 치면 학생들이 준비해야 하는 시험의 횟수는 더 늘어난다.

나는 그간 살면서 운이 나빴는지 어떤지는 몰라도, 한 번도 공부법을 체계적으로 가르쳐 주는 어른을 만나본 적이 없었다. 더 나쁜 것은 그것이 나의 경우로만 끝나는 것이 아니라, 내가 가르치는 학생들도 마찬가지였다는 사실이다. 요새 학생들은 학원이 아니면 도무지 혼자 공부하는 법을 모른다고 꾸짖는 어른들이 있다. 틀린 말은 아니

지만, 공부하는 방법을 제대로 가르치는 어른은 과연 몇이나 될까? 그저 앉아서 노력만 열심히 하면 된다는 설교는 제외하고.

모든 정교사는 4년차가 되면 1정 연수를 받는다. 나는 이 연수를 작년에 받았다. 이 연수를 받을 때 내가 날마다 연수원 도서관에서 공부하고 있었기에 같이 공부하던 교감 자격 연수를 받던 선생님 한 분과 대화할 기회가 있었다. 학교에서 늦게까지 남아 있는 학생들이 불쌍하다고 하자 그분은 대뜸 이렇게 말씀하셨다.

"선생님도 그렇게 공부해서 교사된 거잖아요. 학생 때는 당연히 고생해야죠. 그래야 고3 돼서도 버티는 힘이 생기지."

나는 그 분과 더 이상 말을 하지 않게 되었다. 말할 필요성을 1밀리그램도 느끼지 못했으므로. 나의 고생은 나의 고생으로 끝나야 한다. 설령 내가 고생했다 한들 그것이 인생의 훈장도 아니며, 학생들에게 꼰대 소리해도 되는 권리를 보장받는 것은 더더욱 아니다. 그런 소리를 하는 사람이 교감 자격연수를 받으러 오다니, 참으로 안타까웠다. 그러나 나는 현실주의자이기도 하다. 힘은 내가 아니라 바로 그런 사람들에게 있다. 그리고 나는 그런 사람들 속에선 침묵하는 편이다.

나는 오직 내가 할 수 있는 것만 하는 것을 원칙으로 삼는다. 내가 할 수 있는 일은 세상을 바꾸는 것이 아니라, 시험을 대하는 학생들의 태도를 바꾸도록 돕는 일이다. 오직 그 생각으로 꼬박 반 년 이상 고민하며 이 책을 썼다. 더 구체적으로 말하자면 이 책을 쓸 것인가를 고민하는데 2개월, 이 책을 쓰는데 3개월, 마무리하는데 2개월이 걸렸다. 참고로 하나는 기억해 주었으면 좋겠다. 세상에는 무수히 많은 공부법이 있으며, 각각의 책이 설명하는 내용은 정반대일 수 있다. 학생들은 그 중 자신에게 맞는 것을 취하면 된다는 것 말이다. 내 책만이 정답이라고 이야기하고 싶은 것도 아니다. 하지만 자신만의 공부법을 찾지 못한 학생이라면, 한 번 이 책에서 설명하는 대로 따라해 보면 어떨까. 내 책은 어디까지나 자신만의 공부법을 찾지 못했고, 시험을 잘 본다는 것이 어떤 뜻인지, 시험공부를 어떻게 해야 하는지 모르는 학생들에게만 쓸모가 있다. 그러니 그런 학생이 아니라면 이 책은 그냥 덮어서 책장에 꽂아두자. 이 책은 그런 학생들에게는 아무 쓸모가 없다.

공부는 하기 싫은데 시험은 잘 보고 싶은가? 너무 창피하게 생각하지 말길 바란다. 사실 누구나 그럴 수 있다. 성적이 꼴찌인 학생도 공부는 싫지만 시험은 잘보고 싶어 한다. 그게 사람의 본래 마음이다. 다만 아무것도 안하고 높은 성적을 바랄 수는 없다. 그보다는 적고 단순한 노력으로 성적을 올리는 법을 배우겠다고 생각하는 편이 현실적이다. 그 방법은 간단하다. 알든 모르든 바로 문제집을 편다. 문제와 답을 확인하는 과정을 3번 이상 한 다음, 4번째부터는 문제를 풀

면 된다. 반복하면서 알게 된 문제는 넘어가고, 모르는 문제만 다시 풀면 된다. 참으로 쉽지 않은가? 왜 이런 공부법이 쓸모 있는지, 어떻게 해야 하는지는 이제부터 자세히 설명할 것이다. 그럼 이제 시작해 보자.

차례

# 공부는 왜 거꾸로 해야 할까?

# 선행학습은
# 왜 실패할까?

## 이제 좀 발동이 걸리나 보다 했다 ──

내 첫 번째 책 『10대를 위한 자존감 수업』에서 지겹도록 반복했던 이야기 중 하나는 '야간 자율학습에 참여하지 말라'였다. 이유는 간단하다. 그걸 한다고 학생들이 행복해지는 게 아니니까. 나는 자신을 행복하게 만들 수 있는 어떤 종류의 것이든 찾아서 도전하라고 반복해서 말해 왔다. 그런데 내가 근무하는 전남 지역은 그게 무엇이든, 꽤나 느릿느릿한 곳이다. 예를 들어 학생 인권 조례 내용이나 0교시 폐지, 강제 야간 자습 금지 등의 조항은 전남에선 그 소식조차 감감했고, 세상에 그런 게 있는지 모르는 사람조차 있다.

하지만 이런 전남조차 도도한 물결 같은 세상의 흐름에서 비껴갈

수는 없는 법이어서, 결국 '강제' 야간 자율학습 폐지와 '강제' 보충수업 폐지를 교육감이 공식 선언하기에 이르렀다. '간절히 바라면 온 우주가 도와준다'는 소설 『연금술사』의 내용처럼, 내가 간절히 바랐던 내용이 이루어진 것 같아 나는 잠시나마 행복함을 느꼈다. 왜 아니겠는가. 책을 내자마자 내 주변 세계가 바뀌는 모습을 경험하였는데. 물론 그게 내 책 때문일 거라고 믿는 것은 아니다. 하지만 바라는 바가 이루어진다는 것, 그건 참으로 행복한 경험이었다. 다만 문제는 그 시간이 그야말로 '잠시'에 불과했다는 점이다.

## 족쇄를 풀어줘도 벗어날 줄 모른다 ——

나는 대학에 다닐 때 한 교수님으로부터 놀라운 이야기를 들었다. 일제가 패망한 1945년 8월 15일, 많은 사람들이 목 놓아 울었다는 것이다. 나라를 되찾은 기쁨 때문이 아니었다. 이제 우린 망했다고, 우릴 지켜주던 일본은 망했다고, 이제 우리는 어떻게 해야 하느냐고, 그렇게 수많은 사람들이 걱정하고 슬퍼했다는 것이다. 나야 그 당시를 살아본 적이 없어서 어디까지 진실인지는 모르겠지만, 노예는 풀어줘도 당장 자유민이 되기 어려운 것이다. 어쨌든 자유를 경험해 보지 못한 노예는 노예의 생활 방식이 가장 익숙할 테니까.

갑자기 무슨 엉뚱한 이야기냐고? 학생들 역시 마찬가지이기 때문에 하는 말이다. 당장 자율학습을 빠져나와 자기 인생을 개척할 수 있는 상황이 가까워졌는데, 수많은 학생들은 기껏 생긴 자유를 활용할 줄 모른다. 보충수업을 안 듣고 자율학습을 빠지는 대신 그저 학원에 다닐 뿐이다. 참으로 아쉽기 짝이 없다. 물론 학교의 책임도 있다. 학교는 그동안 학부모가 원하고, 지역 사회가 원하고, 국가가 원한다는 이유로 옳은 길이 아닌, 남들이 요구하는 길을 택해왔다. 더 많은 명문대 진학을 위해 불철주야 노력하는 교사가 가장 우수한 교사였고, 그래서 학교의 교육은 학원의 교육과 차이가 없는 수준에 이르게 되어버렸다. 아니, 수준을 말하자면, 솔직히 학교는 학원을 따라갈 수 없다. 하루 종일 행정 업무처리에 근무 시간의 절반을 써야하는 교사와 달리, 학원의 강사는 그럴 필요가 없기 때문이다. 이는 내가 사교육 시장에 한때나마 몸담아 봤었기에 분명하게 할 수 있는 말이다.

그런 학교에서 기대할 것이 없어 학생들이 학원에 가겠다는데, 교사들이 무슨 수로 학원행을 택하는 학생들을 막겠는가. 나는 그럴 수는 없다고 생각한다.


## 그럼에도 불구하고 내가 학원행을 말리고 싶은 이유는 ──

하지만 그럼에도 불구하고 내가 학원이나 과외를 막고 싶은 이유가 있다. 나 역시 학원에서 근무했고 과외강사를 경험했었다. 급여도 나쁘지 않았다. 시간당 급여를 따지자면 도리어 그때가 교사인 지금보다 더 나았다. 그렇게 수입은 꽤 괜찮았지만 그건 내 입장에서 괜찮은 것이었지, 학생 입장에선 그렇지 않았음을 나는 여러 차례 확인했다. 학생들이 어떻게 공부하는지 살펴보자.

    ① 학원에서 선행학습을 한다
    ② 잊어버릴 때쯤 학교에서 다시 배운다(혹은 잔다)
    ③ 이해는 했지만 제대로 외우지 못해서 시험을 망친다
    ④ ①~③의 과정을 반복한다

참으로 놀랍게도 수많은 학생들이 이 방식을 반복한다. 공부를 '이해'의 수준에서 끝내버리는 것이다. 그러나 이해로 끝나는 공부는 쓸모가 없다. 의미 없는 과정만 쳇바퀴 돌리듯 계속하고 있으니 당연히 실력이 늘질 않는 것이다. 이 과정을 위해 매달 수십만 원 이상의 비용을 낸다.

참으로 이상하지 않은가? 왜냐하면 ① 대개의 학생들은 학교 공부를 포기하고 자신의 즐거움을 택할 생각도 별로 없는 것 같은데 ② 하지만 그렇다고 시험을 잘 보기 위해 어떻게 해야 할까 고민도 하지 않는 현실이 ③ 수십만 명 단위로 매년 반복되고 있기 때문이다.

내가 가장 안타깝게 생각하는 학생은, 정말이지 성격도 좋고 내가 가르치기는커녕 도리어 배워야 할 것 같은 좋은 품성을 지녔는데, 거기다가 공부는 죽도록 하는데, 정작 성적은 바닥을 치는 학생이다. 정말이지 이렇게까지 완벽하게 안타까운 학생이 없다. 내가 이런 학생을 안타깝게 생각하는 이유는 학생들이 자기 성적에 얼마나 민감한지 알고 있기 때문이다. 학생들이 성적에 민감하지 않은데, 그저 좋아서 공부를 한단 말인가? 그럴 리가 없다. 굳이 따져보자면 성적에 대한 민감성은 (특히 나 같은)교사보다 학생이 더한 것 같다. 나는 학생을 성적으로 평가하면 안 된다고 생각한다. 그래서 나의 초점은 언제나 학생의 성적이 아니라 공부습관에 머물러 있다.

또한 나는 사람이란 많이 놀아야 하는 법이라고 생각한다. 사람들은 한가로울 때 가장 많은 아이디어를 떠올리며, 가장 생산적인 무언가를 계획하기 때문이다. 그 증거로 사람들이 가장 좋은 생각을 떠올리는 곳은, 대체로 책상 앞이 아니라 화장실 양변기 위다.

## 그래서 정리하자면 ——

학원, 다니고 싶으면 당연히 다니시라. 하지만 그 전에 공부를 어떻게 해야 하는지는 알고 나서. 그래서 왜 성적이 오르지 않는지는 알아야 하지 않을까? 비유하자면 이런 것이다. 수도꼭지를 잠그지 않았고, 싱크대는 막혀서 물이 흘러넘친다. 그래서 거실 바닥까지 젖어버렸다고 생각해 보자. 열심히 거실 바닥만 닦고 있겠는가? 아니면 수도꼭지부터 잠그겠는가?

결론부터 말하겠다. 당신의 성적이 오르지 않는 이유는 ~~이에서~~ 멈추는 공부를 하기 때문이다. 학교에서 무언가를 배웠다면 그걸 복습하기 위해 공부해야 한다. 그래서 완전하게 자신의 것으로 만들어야 한다. 새로운 내용을 '선행학습'이란 명목으로 배우는 것은 시간 낭비다. 그건 기억의 간섭 효과 때문에 지금 배우는 것도 잊어버리고, 새로 배우는 내용은 어설프게 배우는 꼴이 된다. 나는 엄밀히 말하면 학원이 아니라 복습 대신 선행학습만 하는 학원을 반대한다. 하지만 대개의 학원들은 복습이 아니라 예습에만 목숨을 건다. '우리 학원은 복습을 전문으로 합니다' 같은 말을 하는 학원을 나는 본 적이 없다. 그렇게 장사하면 망하기 때문일 것이다.

내가 생각하는 가장 이상적인 모습은 학교에서 실제 생활에 도움이 되는 학과 공부를 배우고, 학원에선 자기가 하고 싶은 것을 배우는 모습이다. 가령 요리가 됐든, 음악이 됐든, 프로그래밍이 됐든, 그게 뭐든 말이다. 하지만 세상에는 당연히 나와 다른 생각을 가진 사람들도 있을 것이고, 내 생각을 계속 이야기해 봐야 그런 학생들에게는 별로 와 닿지 않는 이야기가 될 것이다. 그래서 그런 학생들을 돕는 방법이 무엇일까를 계속 생각해 봤다. 그래서 나온 결론. 어차피 입시 준비만 열심히 할 학생이라면, 그런 학생들은 제대로 공부할 수 있게 돕고, 나머지 시간은 놀게 해주자는 것.

그게 내가 이 글을 쓰는 이유다. 학생들이 더 열심히 공부하라는 뜻이 아니라, 원하는 목표를 빠르게 달성하고, 나머지 시간 푹 쉬라는 것. 남이 하라는 공부, 솔직히 왜 하는지도 모르는 그런 공부, 너무 진 빠지게 하지 마시라. 세상에는 공부밖에 할 줄 모르는 사람들이 이미 넘쳐나고 있으니.

# 공부를 좋아했으면 좋겠다고?

### 무엇이 재미있는 것인지부터 생각해 보자 ____

세상에서 재미있는 것들의 공통점이 무엇인지 혹시 생각해 보았는가? 나는 해본 적이 있다. 곰곰이 생각해 보니 내가 생각하는 재미있는 것들에는 몇 가지 공통점이 있었다. 첫째, 도전성을 요구한다. 이번에 잘 안 되더라도 다음번엔 더 잘할 수 있을 가능성이 있는 것. 예를 들어 컴퓨터 게임이 그렇다. 둘째, 성장을 할 때마다 그 증거가 확실히 눈에 보이는 것. 이것 역시 게임이 그렇다. 게임 캐릭터의 성장은 레벨이라는 숫자의 변화로 분명히 보인다. 셋째, 내가 선택하고, 내가 원하는 대로 할 수 있는 것. 이것 역시 게임이 그렇다. 캐릭터를 어떻게 키울지는 내가 정하는 것이니까.

따지고 보면 게임은 애초에 재미있을 수밖에 없었던 것이다. 언제든 도전할 수 있고, 성장 과정이 분명히 보이며, 무엇보다 내가 선택한 것이기 때문이다. 자, 그럼 거꾸로 생각해 보자. 우리는 언제 재미없음을 느낄까? 이번의 실패가 다음번의 밑거름이 된다고 확신할 수 없고(즉, 실패는 성공의 어머니라고는 도무지 믿을 수 없고), 도대체 얼마나 해야 잘할 수 있는지 확신할 수 없으며(성장의 끝이 어디인지 안 보이며), 내가 선택하지도 않은 것(왜냐하면 이때의 선택은 보통 부모님이 하기 때문에)을 할 때이다. 그런데 우리는 그걸 날마다 하고 있다. 그게 무엇일까? 맞다, 바로 공부다.

## 그러니까 공부는 원래 재미없는 것이다 ──

우리가 먹고 살기 위해 하는 노동은 대체로 재미가 없는 것들이다. 노동이 재미있으려면 앞서의 조건을 그대로 적용할 수 있으면 된다. 예를 들어 당신이 회사원이라고 생각해 보자. 당신은 회사 내 신생팀에 배치되어 새로운 역할을 맡았고, 당신의 성과에 따라 보너스를 추가로 받을 수 있다. 무엇보다 그 업무가 마음에 들어 선택한 게 당신 본인이다. 당신이 과연 그 회사를 그만두고 싶겠는가? 하지만 한국 사회에서 과연 몇 명이나 그런 경험을 할 수 있을까? 이런 조건이 가능하려면 스타트업 기업에 들어가야 할 텐데, 공부를 열심히 하는 학생이 도전 정신까지 갖춰서 그런 신생 기업을 원하는 경우는 많지 않다. 공부를 열심히 하는 학생은 안정적인 대기업 취업이나 공무원이 되는 것을 선호하기 때문이다.

문제는 당신이 재미있는 회사 생활을 꿈꾸며 공부를 하고 있는 것도 아닌데, 이 공부가 그렇다고 딱히 어떤 보상을 주는 것도 아니라는 서글픈 현실에 있다. 가령 책 한 페이지를 읽는다고 돈이 만 원씩 생기는 것도 아니며, 역시 의자에 1시간씩 앉아 있을 때마다 만 원씩 생기는 것도 아니다. 아마 그런다면 누구나 열심히 공부할 것이다.

그럼 공부가 재미있을 때는 언제일까? 시험 직전이다. 필사적으로 공부하기에 평소 몰랐던 내용이 갑자기 이해된다. 어쩌면 당신도 그런 경험을 해보았는지도 모른다. 이해가 온전히 되면, 공부는 재밌어진다. 그러나 그보다는 속도가 붙을 때 더 재밌다. 속도가 붙는다는 건 내용을 어느 정도 반복해 보았을 때다. 계속 하면 할수록 쉬워지는 단계가 오고, 그러한 경지에서 성취감을 느낄 수 있다. 마라톤 선수들이 42.195km를 달리는 이유는 그 긴 거리를 완주하고 나서 느끼는 쾌감이 있기 때문이지, 장거리를 달리는 내내 즐거워서는 아닐 것이다.

## 공부를 좋아하진 않아도 잘할 수는 있다 ──

설령 스스로 택한 공부라도 매일 같이 즐거울 수는 없다. 무엇보다 이해를 필요로 하는 공부는 어렵고, 긴 시간의 노력을 필요로 한다. 따라서 금세 싫증난다. 즐겁지 않은 일에 많은 시간과 노력을 쏟지 않으려면 어떻게 해야 할까? 에너지를 덜 쓰고, 덜 지치는 공부를 하면 된다.

무언가 괴로운 것을 해내는 좋은 방법은 최대한 감정을 싣지 않고 기계적으로 해내는 것이다. 그러려면 자신만의 시스템을 갖춰야 한다. 공부가 잘되면 잘되는 대로, 안 되면 안 되는 대로 계속 무언가를 해낼 체계 말이다. 우리가 이렇게 해야 하는 까닭은 오직 하나뿐이다. 공부에서 가장 중요한 반복을 하기 위해서다. 특히 배운 것을 반복할 때, 우리는 이것을 '복습한다'고 표현한다. 흔히 예습의 중요성이 강조되지만 실제 예습은 매우 어렵다. 우리가 배워야 할 것은 너무 많기 때문이다. 그러니 예습도 하기 전에 지친다. 예습은 하지 않아도 좋다. 그보다 좋은 것은 1초 내에 배운 내용이 떠오를 정도로 반복하는 것이다.

# 머리가 더 좋았으면
# 진작 망했다

## 당신의 머리는 충분히 좋다 —

　공부를 좋아하는 게 애초 불가능에 가깝다는 건 앞서 확인했으니, '내 머리가 더 좋았으면 어땠을까?'에 대한 답을 찾아보자. 사실 머리 이야기가 나왔으니 말인데, 한국인만큼 머리 좋은 사람들이 어디 있는가? 우리는 한국인의 두뇌가 우수하다는 말을 자주 듣는다. 그 좋은 두뇌 집단에서 당신만 예외일 것 같은가? 그렇지 않다. 한국 학생의 학업 성취 능력은 세계적으로도 상위권이다. 이는 실제 OECD에서 3년마다 발표하는 국제학업 성취도 평가 PISA(Programme for International Student Assessment)의 결과를 통해서도 증명된다. 2012년 PISA의 점수를 보면, 한국은 수학, 과학, 읽기 영역에서 각각 5위, 7위, 5위를 차지했다. 결코 낮은 점수라고는 할 수 없다. 더구나 분석 자료를 보면 한국인은 최상위권이 많아서가 아니라, 평균 이상의 능력을 보이는 학생이 많아서 등수가 높은 것으로 보고되었다. 쉽게 말해 천재적 수준의 몇몇 학생 덕이 아니라는 말이다. 그보다는 평균적인 학생들의 수준이 높아서 평균치 자체가 높게 나왔다는 뜻이다. 이는 당신 역시 다른 나라 학생들과 비교할 때, 평균 이상의 교육을 받아왔고 그에 합당한 능력이 있음을 뜻한다.

## 진짜 문제는 머리가 아니다 ___

문제는 효율성이다. PISA 점수는 매년 상위권이지만 그 점수를 평균 학습시간으로 나눈 학습효율화 지수에선 OECD 평균에 한참 못 미치는 24위로 떨어진다. 이는 무엇을 의미할까? 학생들이 쓸데없이 책상 앞에 앉아 있는 시간만 많다는 뜻이다. 다시 말해 대개의 학생들은 효율적으로 공부한다는 것이 무엇인지 모르고 있다. 이것이 가리키는 바는 명확하다. 더 많이 노력하는 대신, 학습 시간을 줄이더라도 효율적인 공부를 해야 한다는 뜻이다.

한국의 수업 방식은 분명 변화가 필요하고, 학생의 학습 흥미도를 고려하는 방향으로 나아가야 할 것이다. 그러나 그렇더라도 그것은 어디까지나 외부 조건에 관한 이야기다. 그것을 우리가 당장 어떻게 할 수는 없다. 학교 교육에 문제가 있으니까 공부를 그만둘 수 있을까? 만약 그럴 수 있다면 당신이 이 책을 읽고 있지도 않았을 것이다. 따라서 우리는 외부가 아니라 내부에 집중해야 한다. 즉 교육 체계는 개선되어야 하겠지만, 그와 별개로 학생들 역시 공부 시간을 어떻게 활용할 것인지, 이제는 정말로 전략을 짜볼 때가 되었다는 것이다. 시험을 치른다는 건 '과정'이 아니라 '결과'에 집중한다는 말이다. 그렇다면 거기에 맞는 전략이 필요하다. 산에 놀러갈 때와 바다에 놀러갈 때의 준비물은 달라야 하지 않겠는가? 시험도 마찬가지다. 결과를 위해 무엇을 준비할 것인가를 생각해야 한다.

## 머리만 믿는 사람이 가장 위험하다 ──

나는 노력하지만 성과가 안 나오는 학생은 어떻게든 도와주고 싶은 마음이 든다. 그런 학생들은 스스로 열심히 하기에 주변 사람으로 하여금 어떻게든 돕고 싶게 만든다. 하지만 머리만 믿고 공부는 하지 않는 학생이라면, 도와달라고 하더라도 분명히 거절한다. 내가 거절하는 이유는 그런 학생이야말로 진짜 위기가 닥치면 가장 먼저 무너지기 때문이다. 혼자 무언가를 해낸 경험이 없는 학생은 끊임없이 그 상태에 머물러 버린다. 게다가 그런 학생들은 호감이 가지 않는다는 이유도 있다.

예전에 전문계 고등학교에서 근무할 때였다. 고등학교 2학년 학생들을 대상으로 취업 준비를 슬슬 해야 하지 않겠느냐고 말한 적이 있다. 그 때 나는 자기소개서와 면접, 인적성 검사 등 채용시험을 준비하는 학생들을 집중적으로 가르칠 때였다. 배우고 싶은 학생이 있으면 밤 10시까지 수업할 테니 배우러 오라고 말했다. 그 때가 11월이었다. 몇 달 뒤면 고3이 되어 취업을 나가야 하는데도, 최상위권 학생 몇몇은 여전히 놀고만 있었다. 성적이 좋으니 어떻게든 될 거라고 믿었는지도 모르겠다. 그 학생들은 일단 지금은 놀아야겠다고 말했고, 나도 더 이상 이야기하지 않았다. 이미 내가 가르치고 있는 학생들은 충분히 많았기 때문이다.

사람은 역시 위기가 닥쳐야 행동하는 모양이다. 이듬해 3월이 되었고 공기업이나 대기업 채용 공고가 나붙기 시작하자, 그저 놀고 싶다던 학생들은 나에게 웃으면서 도움을 요청했다. 그래서 나도 웃으면서 거절했다. 고등학생이라면 자신의 행동에 책임지는 연습을 해야 한다. 나는 다양한 삶의 방식을 존중하지만, 그것은 나에게 불편함으로 다가오지 않을 때의 이야기다. 도움의 손길을 거절한 학생이라면 같은 사람에게 아무렇지 않게 도와 달라 해서는 안 되는 법이다. 그럼 학생들은 마음 편히 시험을 준비했을까? 당연히 그렇지 않았다. 그 학생들은 결국 다른 교사들을 찾아갔고, 찾아간 교사들이 자신을 제대로 돕지 않는다면서 불평했다.

또 다른 예 하나를 더 들고 싶다. 나는 도서관에 자주 가는 편인데,

시험 때만 되면 자리가 꽉 찬다. 그 자리에 학생들이 앉아 있을까? 천만의 말씀이다. 그 자리는 학생들이 던져 놓은 가방으로 가득 차 있다. 독서실에 가도 똑같은 현상을 발견한다. 나는 공부를 애써 힘들게 할 필요는 없다고 생각한다. 모두가 억지로 똑같은 공부를 하는 세상은 이상하다는 생각도 한다. 하지만 스스로에 대한 최소한의 책임 의식도 없으면서 '아, 2과목만 더 보면 돼. 오후에는 시간이 있으니까 그때 봐야지'라고 생각하고 있다면, 의식하진 못하더라도 스스로 머리가 좋다고 믿는 것이다.

그러나 지금하지 않은 공부는 나중이 된다한들 하고 싶을 리가 없다. 그래서 결과는 스스로의 재능에 비해 썩 좋지가 않다. 머리가 좋다고 믿는 사람들은 이렇게 어떻게든 될 거라고 생각하다가 스스로의 시간과 행운, 그리고 재능을 낭비하곤 한다. 다른 사람들은 어떨지 모르지만, 나는 그런 학생들은 돕고 싶지 않다. 스스로를 아끼고 존중하지 않는데, 내가 도와야 할 이유가 무엇인가?

잘 보고 싶은 시험이 있는가? 그럼 무슨 수를 써서라도 잘 보기 바란다. 그러나 많은 사람들은 재능과 운을 과신하고는, 정작 결과가 좋지 않으면 온갖 변명과 함께 '다음에는……'으로 시작하는 새로운 각오를 다짐하는데 소중한 시간을 쓴다. 그런 생각은 실패를 낳고, 스스로를 더욱 힘들게만 한다. 만약 당신이 그런 부류의 사람이 아니라면, 당신은 참으로 훌륭한 사람이고 더 큰 성장을 기대할 수 있다. 그러나 당신 또한 그러한 종류의 사람이라면, 하루 빨리 그러한 대열에서 탈출할 수 있기를 바란다.

자, 머리 좋은 학생이여, 이제 더 이상 머리가 나쁘다는 불평은 그만두는 편이 어떨까? 당신 머리에는 전혀, 전혀 이상이 없으니까.

# 오래 앉아 있었다고
# 뿌듯해하지 않았나?

## 학생들은 어른들이 생각하는 것보다 바쁘다 ___

우리나라 인문계 학생들은 아침 8시쯤 학교에 온다. 그리고 밤 10시나 11시쯤 집에 간다. 그나마 10시나 11시에 집에 돌아갈 수 있으면 축복받은 것이다. 보통은 학원에 가거나 기숙사에서 공부하느라 새벽 1~2시까지는 공부해야 한다. 그럼 전문계 학생들은 어떨까? 대체로 인문계에 비해서는 집에 빨리 가는 경우가 많지만, 일부 학생들은 학교에서 공부 대신 기술 훈련을 하느라 밤 10시, 11시까지 남아 있어야 하는 것은 똑같다. 혹은 자격증을 따기 위해 남아서 공부한다.

즉 인문계든 전문계든, 고등학생이라면 상당한 시간을 학교에서 보내야만 하는 것이다. 그런데 이렇게 공부를 하는데 왜 제대로 된 성과가 나오지 않을까? 공장에서 물건을 찍어내듯 '투입→산출'의 개념이라면 더 많이 시간을 투자할수록 더 좋은 결과가 나와야 한다. 하지만 모두가 알고 있듯 이건 현실에선 적용되지 않는 법칙이다. 예를 들어 나보다 공부를 덜 하는 철수는 나보다 성적이 좋고, 학원도 안 다니는 영희는 나보다 모의고사 성적이 잘 나온다는 식으로. 세상은 이런 모습인 것이다.

나는 전문계도 있어 봤고 인문계도 있어 봤지만, 책상 앞에 앉아 있는 시간이 많다는 이유만으로 학생의 성적이 오르는 경우는 보지 못했다. 성적이 빠른 속도로 오르려면 적어도 셋 중 하나는 갖춰져야 한다. 하나는 학교의 전폭적인 지원이고, 또 하나는 교사의 체계적 지도이며, 마지막 하나는 본인의 효율적인 노력이다.

## 지금보다 노력할 수 있기는 한가? ___

이 중 학생의 노력에 대해서 이야기해 보자면, 나는 학생들이 노력을 지금보다 줄여도 된다고 생각한다. 그래도 '점수'라는 성과는 나온다고 확신하기 때문이다. 무계획적으로 마냥 놀면서 '어떻게든 되겠지'라는 태도도 곤란하지만, 그저 책상 앞에 앉아서 시간을 보내는 방식이어서도 곤란하다. 이런 상황을 막으려면 역시 짧은 시간이라도 제대로 공부하는 것이 최선이다. 학생들 중에는 이런 이야기를 하면 그건 말로만 가능한 것이 아니냐고 되묻기도 한다. 단기간에 집중력을 발휘하는 게 어렵다는 생각 때문인 것 같다. 물론 처음부터 다 잘되는 것도 아닐 것이다. 하지만 올바른 방법으로 하기만 한다면, 충분히 가능하다는 것이 나의 생각이다.

반복해서 말하지만 모든 것을 걸고 죽기살기로 노력할 필요까지도 없다. 시험이 단기간에 끝낼 수 있는 종류의 것이라면 그런 것도 일시적으로 통할지는 모르겠다. 하지만 학교시험은 보통 한 달 반을 주기로 정기고사가 치러진다. 수능은 3년 이상 공부해서 한 번 치른다. 이런 긴 호흡의 시험을 그런 방식으로 준비했다간 망하기 십상이다. 마라톤을 단거리 달리기하듯 죽도록 뛰는 선수를 본 적이 있는가? 나는 여지껏 본 적이 없다. 과거에는 잠은 네 시간만 자야 한다느니 어쩌니 이런 저런 이야기가 있었지만, 그렇게까지 힘든 방식으로 공부하라고 이야기하고 싶지 않다. 또한 앞으로 어른이 되면 일하는 데 시간을 쏟느라 공부할 시간을 내기란 매우 어렵다는 사실을 알게 된다. 그럼에도 불구하고 일부의 직장인들은 분명한 성과를 낸다. 자격증을 따고, 승진 시험에 합격하며, 아예 새로운 분야로 전직(轉職)도 한다. 이런 사람들이 단순히 학습 시간의 양으로만 승부를 볼 수 있다고 생각하는가? 하루 종일 직장에서 일을 해야 하는데? 그런 사람들에게는 책상 앞에만 앉아 있는 것은 좋으냐 나쁘냐의 문제가 아니다. 가능하냐 불가능하냐의 문제인 것이다. 적은 시간을 투자해서 성과를 얻어내는 방법은 분명 있다. 그러니 가능한 한 편하게 공부해 보자.

## 공부를 제대로 한다는 것은 ──

학생들이 공부하는 모습을 살펴보면, 가장 중요한 한 가지가 빠져 있다. 많은 사람들이 흔히 공부를 안 하는 학생들만 시험 점수가 30점, 40점일 거라고 생각한다. 착각이다. 책상 앞에서 오래 버티는 학생들 중에도 그런 점수를 받는 학생들은 수두룩하다. 또한 그렇기 때문에 더 열심히 노력하라는 말은 학생들에겐 통하지 않는다. 한국 학생들만큼 책상 앞에 오래 앉아 있는 학생들이 과연 있기는 할까? 더 이상 얼마만큼 책상 앞에 앉아 있으란 말인가. 그런 방식은 도움이 안 된다. 앞으로 계속 강조하겠지만 내가 제시하고 싶은 것은 문제와 정답부터 볼 것, 여러 번 볼 것, 빠르게 볼 것, 이 세 가지다. 이것이야말로 시험을 제대로 준비하는 방법이라고 생각하기 때문이다.

오랫동안 책상 앞에만 앉아 있어도 뭔가를 한 것 같은 기분이 들지도 모르겠다. 하지만 스스로 잘 알고 있다. 오늘 공부해야 할 것을 과연 제대로 공부했는지 아닌지 말이다. 그래서 아니라고 생각하기에야간 자습이 끝날 때쯤 집에 가서 더 공부하고 싶은 생각이 드는 건지도 모른다. 물론 그 경우 성공하는 경우는 잘 없다. 학생들은 가방에 책을 잔뜩 채운 다음, 집에 가서 공부하는 대신 그냥 잔다. 본의 아니게 공부가 아니라 운동을 한 셈이다.

계속 말하지만 공부란 애초 재미없고 지루한 일이다. 재미있는 일이라면 알아서 방법을 찾고 더 나은 방향을 찾겠지만 공부는 그렇지 않으므로 수동적이기 쉽다. 그러나 그렇게 타성에 젖어서 별 의미 없는 방식으로 공부해 나간다면 안 그래도 힘든 공부를 더 힘들게만 할 뿐이다.

## 05

# 잊는 것이 두려워
# 진도가 안 나간다

## 우리는 수도 없이 잊어버린다 ──

잠시 눈을 감고 생각해 보자. 그리고 지난 일주일간 우리가 무엇을 먹었는지 떠올려 보자. 아침, 점심, 저녁을 다 떠올리지 않아도 좋다. 일주일간 점심 메뉴가 무엇이었는지만 떠올려도 된다. 무엇을 먹었는지 정확히 기억나는가? 과연 몇 가지나 머리에 떠오르는가? 생각보다 많지 않을지도 모른다. 왜 잊어버렸을까? 이미 먹은 음식은 우리의 관심사가 아니기 때문이다. 당장의 생존에 필요한 것도 아닌데 굳이 기억해야 할 필요는 없다. 생각해 보면 이것이야말로 사람에게 주어진 축복이다. 모든 것을 기억하는 일은 얼마나 큰 고통인가? 슬프거나 힘든 일을 모조리 기억하고 잊지도 못한다면, 사람은 스스로의 감정을 감당할 수 없을 것이다. 그 어떤 감정이든 복잡한 상태가

42

계속되면 정상적인 삶을 살기 어렵다.

## 그래도 진도는 나가야 한다 ___

책의 아랫부분을 보면 공부한 양을 바로 확인할 수 있음을 아는가? 공부를 한 부분은 손때가 묻어 색깔이 검게 변한다. 반면 아직 보지 않은 부분은 종이가 하얗다. 지금 당장 아무 책이나 꺼내서 아래를 살펴보기 보기 바란다. 그러면 내 말이 사실임을 알 수 있을 것이다. 이미 공부한 부분, 그 중에서도 여러 번 본 부분은 손때가 묻는다. 내가 중학교에 다닐 때 어떤 선생님은 학생의 학습량을 책의 아랫부분을 살펴봄으로써 확인하곤 하셨다. 나 역시 가끔 학생들과 상담하다 학습량을 보고 싶으면 책의 아랫부분만 살펴보곤 한다.

재미있는 것은 대개의 책은 앞부분일수록 손때가 많이 묻고, 뒤로 갈수록 색이 차차 옅어지며, 마지막엔 하얗게 남아 있다는 점이다. 특히 수학책은 학생들이 선행학습을 위해 겨울방학 때부터 열심히 풀지만 점점 처음의 의욕만큼 진도가 나가지 않음을 알 수 있다. 게다가 처음 부분을 잊어 버릴까봐 계속 앞부분만 반복하고 있는 모습도 보이곤 한다. 하지만 이런 학습은 반드시 실패한다. 설령 잊어버리더라도, 책의 전체를 끝까지 보고 나서 다시 처음으로 돌아오는 편이 낫다. 보통의 사람들은 이런 말을 하면 이해를 못한다. 왜냐하면 다른 사람들은 나와는 반대의 주장을 하며, 학생들은 그런 말을 너무나 많이 들어왔기 때문이다.

예를 들면 책에서 1단원을 배우고 나서 복습을 하고, 2단원으로 나아가야 한다고 굳게 믿는다. 물론 속도와 시간 계획을 철저히 지킬 수 있다면 이것이 가장 좋을지 모른다. 하지만 나는 아직 그렇게까지 완벽하게 공부하는 학생을 본 적이 없다. 대개의 학생들은 1단원에만 자신의 에너지를 모조리 쏟아 부은 후, 2단원은 책을 살펴볼 엄두도 내지 못한다. 정기시험 때는 보통 2개 내지 3개의 대단원을 시험을 본다. 따라서 이러한 학습법은 공부한 단원에서 만점을 받는다 해도 30점 내지 50점을 얻는데 그칠 뿐이다.

완벽주의는 대개 실패로 끝난다. 이런 점을 해결하는 법이 있다. 이해가 되든 안 되든 문제를 먼저 볼 것, 내용을 공부할 때에는 일단 처음부터 끝까지 볼 것, 이 두 가지다. 가끔 통찰력을 중시하는 선생님들은 항상 '전체를 보라'든가 '나무가 아니라 숲을 봐야 한다'고 말씀하신다. 그런데 학생 입장에서는 지금 배우는 내용을 살피기에도 벅차니 그런 말이 제대로 귀에 들어오지 않는다. 일단 '나무를 보다 보면 어떻게든 숲이 보이겠지'라는 생각으로 반쯤 체념하고 공부를 하는 듯하다. 하지만 그렇게 공부하면 속도는 전혀 붙지 않는다.

이해가 되든 안 되든, 속도를 의식하며 공부를 해야 한다. 자신의 능력을 믿어라. 반복해서 보면 설명을 듣지 않아도 이해되는 순간이 온다. 더구나 반복해서 볼수록 건너뛸 수 있는 양이 많아지므로, 횟수를 거듭할수록 속도는 올라간다. 나의 경우 250페이지짜리 책을 보면 처음에는 1시간 정도 걸리지만, 7번쯤 보면 10분에 그친다. 애써 머리에 새겨 넣으려 하지 않아도, 우리의 눈은 충실히 내용을 좇아가며, 가장 중요한 정보를 뇌는 놓치지 않고 받아들인다. 이렇게 진도를 충실히 나아가는 것이 공부를 제대로 하는 길이다.

완벽히 알아야 다음 내용으로 넘어갈 수 있다고 절대 생각하지 말기 바란다. 그보다는 다음 내용으로 넘어가야 알 수 있다고 생각하는 편이 낫다.

# 잘하지 못하면
# 하기 싫어진다

## 공부를 잘하지 못하는 이유가 무엇인가? ——

　　교과서의 내용이 너무 어렵다면서 하소연하는 학생이 많다. 실제 내가 가르치는 학생들 중에는 인문계에서 전문계로 전학을 가는 사례도 있으며, 같은 내용으로 상담을 받는 학생도 있다. 아쉽게도 이런 학생들이 자꾸 나타난다는 건 공부가 만만치 않음을 보여주는 것이다. 대체로 학생들은 상위 5~10% 정도의 학생만이 자신의 공부법을 갖고 있다. 이 학생들은 선행학습이 문제가 되지 않으며, 교사의 지식 전달이 굳이 필요 없는 학생일 수도 있다. 자기주도 학습 능력을 키우는 것이야말로 성공하는 길인데, 이런 학생들은 이미 이런 능력을 갖추고 있다. 따라서 교사가 굳이 개입할 필요성이 줄어든다.

하지만 대개의 학생들은 일단 자신만의 공부법 자체를 찾지 못한 경우가 많다. 그런데 공부법을 찾지 못하는 이유는 일단 잘해야 한다는 의지만 있을 뿐, 그것을 어떻게 해낼 수 있는가에 대한 고민은 하지 않기 때문이다. 심지어는 설명해도 행하지 않는 경우가 99%다. 학교 현장에서 학생을 가르치며 생각하는 것이 두 가지가 있다. 하나는 오랜 시간 학교에서 붙들려 있어야 하는 학생들이 안타깝다는 것, 또 하나는 그 긴 시간을 효율적으로 보내기 위해 노력하는 학생 역시 찾기 어렵다는 것이다.

대개의 학생들이 공부를 못하는 이유는 간단하다. 자신만의 공부법이 없기 때문이다. 애초 공부법을 마련해야 한다는 생각이 없으니 공부법을 만들지도 않는다. 참으로 안타까운 일이다. 하지만 아무리 이야기해도 차라리 공부를 하면 했지, 공부법을 마련하려 노력하는 학생은 찾기 어렵다. 나도 변하지 않는 학생들의 모습을 보고 어느 때부터인가 더 이상 이야기하는 것을 멈추게 되었다.


## 무언가를 잘하기 위한 조건 ──

무언가를 잘하는 과정은 의외로 단순하다. 일단 '한다'에서 시작하면 된다. '한다'가 반복되어야 어느 순간 '못한다'가 깨진다. 꼭 공부가 아니더라도 무언가를 하기 위해서는 일단 해봐야 한다. 반드시 기억하기 바란다. 실패를 겪어야만 배움도 있다. 모든 새로운 시작에는 두려움이 있지만 그럼에도 불구하고 시도해야 한다. 나 역시 지금의 공부법을 찾아내기 전까지 수없이 시행착오를 겪곤 했다. 시도하다가 너무 힘들어서 그만두거나, 약간 다른 방식으로 바꿔 보거나, 그도 아니면 아예 새로운 방법을 찾곤 했다. 지금의 공부법을 찾기 전까지는 나 또한 어설픈 완벽주의자에 불과했다. 만약 내가 합리성과 현실성을 추구하는 사람이 아니었다면, 나 또한 다른 공부법을 찾아야겠다는 생각은 하지도 못했을 것이다.

또한 세상의 관심과 이목에 너무 신경 쓰지 말길 바란다. 그들이 당신 대신 시험을 봐주거나 인생을 책임져 주지는 않는다. 세상의 기준보다 중요한 건 나에게 도움이 되는 방법이다. 물론 얻는 것이 있으면 잃는 것도 있다. 내 경우에도 남과 다른 길을 선택하다 보니 남들로부터 공격을 받거나, 심지어는 이상한 사람 취급받는 경우도 많았다('있었다'가 아니라 '많았다'고 쓴 점에 주목해 주기 바란다). 하지만 남들이야 어떻든 나는 내가 찾아낸 방식으로 성공했다. 남과 다른 방식은 문제가 되지 않는다. 진짜 문제가 되는 건, 성공할 수 없는 방식이다.

그런데 학생들이 공부를 하지 않는 근본적인 이유가 무엇일까? 여러 이유가 있겠지만, 그 중 하나는 '해도 된다는 확신이 없기 때문'인지도 모른다. 어차피 내 시간과 노력을 투자해서 성적이 오른다는 보장이 없기 때문이다. 그리고 이는 '실패하고 싶지 않다'는 두려움에서 시작된다. 하지만 거꾸로 생각해야 한다. 실패를 하면 뭔가 배우는 것이 있다. 설령 똑같은 실수를 한다 해도 그만큼 확실히 배우게 된다. 실패를 100번 하는 것이 아무 시도도 하지 않는 것보다 낫다. 실패를 하면 상황이 개선될 여지가 있지만, 아무 시도도 하지 않으면 상황은 변하지 않기 때문이다. 이 문제를 해결하는 좋은 방법은, 그 일에 대해 판단하지 않고 그저 하는 것이다. 판단을 하게 되면 감정이 들어간다. '아, 이번 시험 범위는 너무 많은데, 과연 지금부터 해서 될까?'라는 판단을 하면, 그 공부를 할 필요가 없는 이유를 수십 가지라도 만들어 낼 수 있다. 그리고 어느 새 공부는 할 수가 없는 일이 되어 버린다.

하지만 감정을 빼고 반복하면 습관이 된다. 또한 '지금 보는 내용을 잘 이해하고 싶다'는 욕심을 버리고 '몇 일까지 몇 번을 본다'는 기계적이고 다소 건조한 생각으로 책을 보면, 원하는 결과를 얻을 가능성이 더 높아진다. 몸에서 힘을 뺄 것, 판단하지 말 것, 더 나은 효율성을 찾기 위해 혼자서만 애쓰지 말고 다른 사람이 성공한 방법을 자기 것으로 만들 것, 바로 이런 태도가 실력을 키우는 바람직한 자세다. 특히 마지막이 중요하다. 남이 어떤 방식으로 성공했는가를 부지런히 따라 배우는 사람은 그 사람의 방식을 자신의 것으로 만들고야 만다. 그런 경험이 쌓이면 실패를 줄이는데 도움이 된다.

물론 공부를 취미로 하는 학생이라면 이런 말은 필요가 없다. 또한 자신만의 공부법을 찾아낸 학생에게도 의미가 없다. 그런 학생이라면 이 책은 쓸모가 없다. 그러나 의심은 많고 공부는 어떻게 해야할지 모르는 학생, 하지만 정작 자기만의 방법을 찾기 위해 노력하지도 않는 학생이라면, 한 번 믿고 해보았으면 한다. 시험을 위해 시간과 노력을 들였다면 결과는 얻어야 하기 때문이다.

## 처음부터 무리하지 말자 ——

뭐든 처음 시작할 때가 가장 의욕적인 법이다. 이때 계획을 너무 열심히 세우려 애쓰지 말자. 또한 시작부터 무턱대고 문제집을 풀지도 말자. 처음에는 긴장을 풀고 전체 목차를 쭉 살펴본다. 목차를 제대로 보지 않는 사람이 많은데, 목차야말로 책을 쓴 사람이 고심해서 각 주제별로 내용을 정리한 것이다. 따라서 목차를 봐두는 것은 큰 도움이 된다.

반면 책의 내용 부분은 대충 훑고 지나간다는 마음으로 본다. 처음부터 무리할 필요 없다. 등산으로 비유하자면 무턱대고 산에 오르기보다 전체적인 산의 모습과 올라가는 방법을 살펴보는 것이다. 성공적으로 정상까지 오르려면 차분히 전체적인 큰 그림을 살펴야 한다. 조급해하는 사람은 정상을 밟지도 못하고 내려온다. 공부 또한 전체적인 내용을 눈에 띄는 대로 보고, 넘어가는 정도면 된다. 첫날부터 지치도록 열심히 할 필요는 없다.

대개의 사람들은 정확히 반대로 한다. 처음에 의욕이 높다는 이유만으로 무턱대고 열심히 하려다가 낭패를 본다. 공부를 길게 끌고 가려면 추진력이 필요한데, 그 힘은 처음의 폭발적인 힘에서 나오는 것이 아니라, 지속적인 힘에서 나온다. 더구나 첫날 10페이지를 공부했는데, 다음날 의욕이 떨어져서 5페이지밖에 못하면 어떤 기분이 들까? 긍정적인 기분이 들까? 절대 그렇지 않을 것이다. 그 결과 자신이 하던 것을 내던지고 포기해버린다.

결국 이런 실패를 막으려면 감정적으로 공부를 시작하지 않아야 한다. 의욕과 열정이 과연 지속될 수 있는가를 생각해 보라. 그리고 그럴 수 없을 것 같다면, 조금씩이라도 꾸준히 나갈 수 있는 시스템을 어떻게 마련할 것인가 고민해보는 편이 낫다.

# 역전(逆轉) 공부법이란
# 무엇인가?

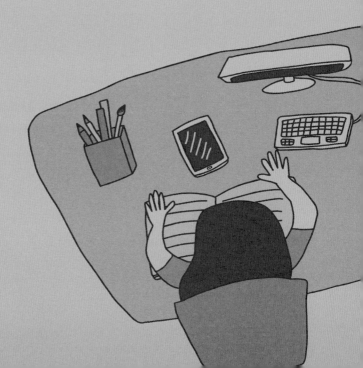

# 나는 왜 역전을
# 생각하게 되었는가?

## 시험 치르다 죽을 뻔했다 ──

국민학교(지금의 초등학교)에 다닐 때였다. 감기 때문에 고열로 쓰러져서 집에 꼼짝을 못했더랬다. 수업만 있는 경우였으면 모르겠는데, 하필 시험 기간이었다. 나는 이미 그때부터 합리주의자답게 '진짜로 아프니까 시험은 못 보는 게 당연하지' 정도로만 생각하고 있었다. 이불 속에서 골골 대며 감기가 도대체 언제쯤 나을까를 생각했지, 학생이니까 학교에 시험 치르러 가야 한다는 생각 같은 건 눈곱만큼도 하지 않았었다. 하지만 우리 어머니도 예사로운 분은 아니셨다. 어머니는 내가 잠을 자는 게 아니라 쓰러져 있음을 뻔히 보셨음에도 "그래도 시험은 보러 가지……"라고 말씀하시며 말꼬리를 흐리셨다. 아아, 자애롭기 그지없는 따사로운 모성애여. 그런 이야기를 몇 차례 들고 나자 더 이상 감기는 아무 문제가 되지 않았다. 어머니의 잔소리가 감기보다 무서웠기 때문이다. 어쩔 수 없이 주섬주섬 가방을 챙겨 학교에 갔다.

나는 여지껏 살면서 술을 먹어도 한 번도 정신을 잃어본 적이 없는데, 오직 그때만큼은 기억이 없다. 딱 그 부분만 기억이 하얗게 탈색된 느낌이다. 당시의 감정은 남아 있는데, 도대체 내가 학교에 어떻게 갔는지, 어떻게 시험을 치렀는지, 그게 몇 학년 때 치러진 중간고사인지, 아니면 기말고사였는지 도무지 기억이 안 난다. 어쩌면 내가 두 발로 서서 걸을 수 있게 된 이후로, 내 생애 가장 험하게 치른 최초의 인간승리였는지도 모른다.

## 그래도 어쨌든 살아남아야 하니까 ──

시험 점수고 뭐고 관심도 없었고, 어쨌든 무사히 살아남았다는 사실이 중요했다. 한 가지 얻은 것이 있다면 '죽을힘을 다해도 죽지는 않는다'는 소중한 경험이랄까. 시험 점수 따윈 아무래도 좋았다. 하지만 한편으론 이런 생각도 하게 되었다.

'이렇게까지 하지 않아도 시험을 잘 볼 수 있는 방법은 없을까?'

왜 그런 생각을 하게 되었는지는 모르겠다. 어쨌든 그런 생각이 들었다. 아울러 시험이란 것이 아픈 학생이 학교에 가서 치러야할 만큼 가치가 있는지도 의문이었다. 한동안 그런 생각을 하다가 '시험을 빠르고 편하게 치를 수 있었으면 좋겠다'는 생각으로 이어졌던 것 같다. 어쨌든 아픈 사람은 쉬어야 하므로. 이어서 '시험을 빠르고 편하게 치르려면 어떻게 해야 할까? 한 번호로 다 찍기는 그렇고, 평소에 시험공부를 미리 끝낼 수 있으면 되는 것 아닌가? 그럼 시험 문제도 빨리 풀 수 있을 테니까'와 같은 생각을 하게 되면서 공부 방법 자체에 관심을 갖게 되었다. 만약 감기에 걸리지 않았더라면 나도 다른 학생들처럼, 그저 책상 앞에 오래 앉아 있는 것 외엔 아무 생각도 없었을 것이 분명하다.

## 공부에서 손을 놓아버리다 ——

한동안 그런 생각을 하다가 이내 그 생각은 지워져 버렸다. '공부를 어떻게 하면 더 쉽고 편하게 할 수 있을까와 같은 생각'은 왠지 정정당당하지 못하다는 생각이 들어서였는지도 모르겠다. 그러다가 4학년 때인가, 시험 점수가 곤두박질쳤다. 공부를 제대로 하지 않았기 때문이다. 나는 늘 뭔가를 배우고 있었지만, 그게 무슨 의미인지 전혀 이해가 안 됐다. 그런 상황에서 공부가 재미있을 리 없었다. 더해서 내가 왜 학원에 가서 배워야하는지도 몰랐다. 딱히 할 게 없거나 있을 곳이 없어서 학원에 다니는 건 아닌가 싶기도 했다. 배워도 모르고 시험 점수가 잘 나오는 것도 아니니까 뭐든 재미가 없었다.

그 당시의 나는 학교에 수업을 들으러 다니지 않았다. 오직 책을 보러 다녔다. 어떤 책이든 책이라면 뭐든 재미있었고, 공부에 관한 내용이라도 학습 만화가 교과서보다 훨씬 이해가 잘 됐다. 학급 문고와 학교 도서관에 있는 책은 모조리 읽었다. 딱히 계획하고 했던 행동은 아니다. 할 일이 그것 밖에 없어서 했던 행동일 뿐이다. 당연한 말이지만 그땐 개인용 컴퓨터도, 스마트폰도 없던 때였다. 또한 나는 그때부터 이미 선생님들 퇴근 시간이 5시라는 것을 알고 있었다. 교실에서 5시까지 책을 읽고 있으면 담임 선생님이 나를 데리고 퇴근하셨기 때문이다.

## 그러나 공부는 피할 길이 없었다 —

그런데 당시의 담임 선생님은 어린애가 혼자 집에도 안 가고, 아무도 없는 학교에서 책만 보고 있는 것이 염려되셨던 듯하다(세상을 조금 살면서 알게 된 일인데, 다른 사람과 다르게 행동하는 건 그 자체로 주변 사람들에게 근심을 불러일으킨다). 혹은 그게 아니면 내가 완전히 딴 길로 빠져버리는 건 아닌가 걱정스러우셨는지도 모른다. 어느 쪽이 맞는 건지 모르겠지만, 나는 일반적인 절차, 그러니까 '담임 선생님과 학부모의 면담 → 부모님의 자녀 질책 → 자녀의 행동 변화'라는 일반적인 절차를 따르게 되었다. 그래서 비록 '우등생'은 아닐지라도 '모범생'의 범주에 속해야 한다는 압박감을 느끼며 공부를 시작했다.

그런데 공부는 여전히 어려웠다. 한동안 손에서 놓고 있었기에 더욱 그랬다. 나에게 가해지는 시험의 압박감을 해결하는 가장 좋은 방법을 찾아야 했다. 당연히 공부 외에는 답이 없었다. 그런데 시험 날짜는 하루하루 다가오고 있었고, 초조한 생각만 들었다. 어떻게 해야 할까 고민하다가 교과서를 보지 않기로 결심했다. 봐도 이해도 안 될뿐더러, 이해하려면 시간이 너무 오래 걸리기 때문이었다. 가장 먼저 했던 것은 문제집부터 보는 것이었다. 문제집에 있는 내용이라도 어떻게든 풀 수 있으면 시험도 볼 수 있을 것 같아서였다. 문제를 봐도 풀 수 없으니 문제와 해답만 반복해서 봤고, 그럭저럭 답을 외우게 되었다. 그렇게 했더니 점수가 기대 이상으로 올랐다. 초등학교 시험 범위라는 게 엄청나게 많지 않기 때문에 단기간에도 가능했을 것이다. 그 어린 나이에도 점수가 기대 이상이라 깜짝 놀랐던 기억이 난다.

점수를 올리는 가장 좋은 방법은 곧바로 문제부터 풀어보는 것이라는 걸 그때 어렴풋이 깨달았던 것 같다. 완전하게 정리된 공부법은 아니었지만, 그래도 단서와 실마리는 찾을 수 있었다. 내가 지금까지 활용하고 있는 공부법은 당시의 절박함이 없었으면 영원히 알지 못했을 것이다.

## 누구나 역전(逆轉)할 수 있다 ——

중학교에 올라가서는 예전처럼 공부하면 안 된다는 생각이 강했다. 그래서 택한 방법이 전과목의 문제집을 사는 것이었다. 다시 한 번 말하고 싶다. 국영수 문제집이 아니다. '전과목' 문제집이다. 거기에 더해 자습서도 샀다. 내가 중학교에 다닐 무렵, 음악, 미술, 체육 과목 문제집과 자습서를 갖고 있는 학생은 나 외엔 없었던 걸로 기억한다. 가끔 내가 가르치는 학생들에게 학창 시절 내 이야기를 들려줄 때가 있는데, 그럴 때 학생들은 예체능 과목도 자습서가 있느냐며 신기해한다. 아무튼 나는 시험 때마다 전과목 문제집을 사서 풀었다. 그걸로도 모자라 내가 직접 문제를 만들기도 했다.

문제는 시간이었다. 중학교 과정 12과목의 문제집을 풀고, 문제를 만들어 외우는 과정은 시간이 엄청나게 걸렸기 때문이다. 물론 그렇게 하면 어지간한 과목은 100점에 가까운 점수가 나오고, 실제 100점이 나오기도 한다. 특히 음악, 미술, 체육 같은 과목은 교과서 전체를 샅샅이 훑어가며 문제를 만들기 때문에, 그러한 점수가 나오지 않을 수가 없다. 하지만 이 경우 나 역시 100% 지친다는 단점이 있다. 게다가 나는 수학에는 재능이 없다. 그래서 평소 남는 시간에는 수학을 공부하는 시간이 많았기 때문에 나머지 과목들은 시험 3주 전부터 어떤 식으로든 끝내야 했다. 다시 말해 3주 동안 교과서를 보고, 자습서를 풀고, 문제집을 풀고, 문제를 만들고 외운 것이다. 지금 생각하면 정말 무식한 방법인데, 그때에는 어떻게 그걸 해냈는지 신기하기만 하다. 하지만 돌이켜 생각해 보면 그렇게까지 할 필요는 없었던 것 같다. 부족한 시간을 더 부족하게 만드는 방법이기 때문이다. 그걸로만 끝나는 게 아니다. 학원 숙제도 처리해야 했다. 대개의 부모들은 학원이 학교 수업을 보충해준다고 믿지만, 현실은 다르다. 학교와 학원은 별개로 움직인다. 그 증거로 학생들은 학교 숙제에도 치여 살지만, 학원 숙제에도 치여 산다. 그냥 학교를 하나 더 다니는 것이다.

이런 상황이 반복되니 공부를 '열심히'해야 한다는 게 정말이지 힘들게 느껴졌다. 공부를 잘한다는 것, 그것은 자기 시간을 모조리 잃어버린다는 것과 같은 의미였다. 그래서 고등학생 시절에도 나에게 맞는 방법을 이것저것 시도해보았는데 그 중 가장 좋은 것이 앞서 말한 문제집부터 푸는 방식이었다. 지치고 싶지 않았기에 더 이상 문제는 직접 만들지 않기로 했다. 아무것도 모르는 상태에서 무턱대고 문제집부터 푸는 방식은 누구도 쓰지 않는 방식이었다. 하지만 나는 그렇게 해서 성공했다. 지금 생각하면 세상의 관습이나 상식은 크게 신경 쓰지 않았기에 가능했던 게 아니었나 싶다. 앞서도 말했지만 대개 학생들은 이론 내용을 충분히 이해하고 외운다. 문제풀이는 그 다음에야 들어간다. 하지만 나는 반대로 했다. 알든 모르든 문제부터 풀고 답을 확인한다. 그리고 해설을 훑어본다. 그래도 부족할 때에만 교과서를 보지만, 그런 경우는 많지 않았다.

어차피 시험공부의 최종 목적은 문제를 올바르게 풀어내는데 있다. 그러니 문제를 풀면서 무엇이 중요한지 파악하면 된다. 그리고 그 문제들의 정답과 해설을 살피면서 자연스레 내용을 알게 된다. 나는 이 책을 쓰면서 내가 평생 써왔던 방식의 이름을 정해야 했는데, 곰곰이 생각하다가 역전(逆轉) 학습법이라고 이름지었다. '역전(逆轉)'이란 단어의 사전적 정의는 '형세가 뒤집어짐'이라고 되어 있다. 순서를 바꾸면, 비록 지금의 성적은 좋지 않더라도 충분히 결과를 뒤바꿀 수 있기에 이런 이름을 붙였다. 또한 공부 순서를 바꾸어야 진정으로 효율성이 있다는 의미를 전달하고 싶기도 했다. 당신도 지금의 상황이 만족스럽지 않다면, 진심으로 새로운 방법으로 역전을 해낼 수 있기를 바란다.

# 생각을 바꾸면
# 성적이 오른다

## 성공의 유일한 길은 남과 다른 길을 가는 것이다 ──

나는 30년 이상 살면서 천 단위의 책을 보았고, 성공한 많은 사람들을 연구했으며, 무엇보다 나 자신도 성공하기 위해 노력하고 있다. 나에게 중요한 성공 중 하나는 교원 임용시험 합격이었다. 성공의 개념이 무엇인지 묻는다면 한 마디로 이야기할 순 없겠지만, 적어도 '원하는 것을 해내는 것' 혹은 '원하는 것을 해낼 수 있는 능력을 갖는 것'이라고 생각한다. 뒤에서 다시 밝히겠지만, 임용시험을 치를 때 나는 항상 무언가 다른 일을 하고 있었다. 그러면서도 공부는 남들이 하는 방식을 따라갔다. 그 방법은 그야말로 책을 처음부터 끝까지 수도 없이 보고, 달달 외우는 것이었다. 하지만 정직하게 고백하건대 나에게 그 방식은 정말이지 힘든 일이었고 지겹기만 한 일이었다. 더해서 합격이라는 결과와는 상관없는 방식이라는 것도 나중에 깨달았다. 애초에 일을 하느라 남보다 적은 시간밖에 공부할 수 없는 내가, 하루종일 공부할 수 있는 다른 사람들과 똑같은 방식을 택한다는 것 자체가 말이 안 되는 일이었다.

나의 사례만 이야기하면 신뢰성이 부족할 것 같으니 다른 사람의 이야기도 해보고 싶다. 세계적인 거부(巨富)이자 투자 전문가인 조지 소로스는 혼자서 영국 정부를 상대로 이겼다고 평가받는 사람이다. 그는 이렇게 말했다.

"나는 군중에서 벗어나서야 돈을 벌 수 있었다"

투자를 하는 많은 사람들은 성공의 가능성을 최대한 합리적으로 따진다. 그러나 어떤 사람들은 그런 사람들의 심리를 역이용한다. 즉, 허를 찌르고, 기이한 책략을 쓰며, 일반적 사고를 하는 대신 상황을 초월하는 사고를 해버리고, 자신의 상상을 대담하게 실행한다. 그리고 그런 사람은 실제 돈을 번다. 여담이지만 이런 고도의 사고 훈련을 위해 자기계발서 저자들이 인문학을 강조하곤 한다. 고전을 통해 오늘날에 적용할 수 있는 수많은 사례들을 찾아낼 수 있기 때문이다(하지만 난 이러한 의견에 전적으로 동의하지는 않는다).

그거야 어쨌든 공부를 하는 일이든 돈을 버는 일이든, 남과 다른 길을 간다는 건 말처럼 쉬운 일이 아니다. 보통 사람들이 자신이 믿는 바를 '상식'이라고 말하면서, 자기와 다른 길을 가려는 사람을 방해하기 때문이다. 그러나 그런 때일수록 귀를 틀어막고 자신이 가고 싶은 길을 가야한다. 특히 내가 선택한 방식이 효과가 있다면 더더욱 그래야 한다. 내가 선택한 결과가 잘못되면 다른 방법으로 다시 하면 된다. 하지만 남의 충고에 따라 섣불리 선택했다가 결과가 잘못되면 책임을 묻는 것 자체가 애매해진다. 그러나 남을 탓하고 싶은 마음은 분명히 남는다. 정리하면 일은 꼬이고, 상황은 불만스러우며, 책임은 당신이 지는 상황에서 발생할 수 있다는 뜻이다. 그런 일이 되풀이되는 게 정신 건강에 좋을 리가 없다. 그런 일은 꼭 피하자. 참고로 남의 방식을 받아들일 때에는 그것이 검증된 것인지 따져보는 습관을 기른 후에야 가능하다.

보통 순서를 바꿔서 문제부터 바로 접근하라는 말은 일반적인 공부방식과는 반대다. 체계를 중시하는 많은 사람들은 분명 반발할 것이다. 일일이 신경 쓰지 않아도 된다. 기억해야 한다. 정답만 잘 기억하고 골라내는 것이 어느 시대에나 시험의 목적이었음을.

## 누구나 역전을 바란다 ——

세상이란 재미있다. 기존의 질서에 도전하는 사람은 늘 반격을 받기 때문이다. 충분히 생각하고 행동에 옮기는 것이라면 주변 사람들도 존중해주어야 마땅한데 그렇지가 않다. 우리 사회에서 관용이 왜 강조되는지 알고 있는가? 답은 간단하다. 사람들이 전혀 관용적이지 않기 때문이다. 참고로 당신이 일단 결과를 보여 주면 그런 이야기는 더 이상 나오지 않게 될 것이다. 학생들이 가장 약 오르는 경우가 언제일까? 공부는 별로 하지도 않는 것 같은데 점수는 늘 잘 나오는 학생을 볼 때이다. 왜 약이 오를까? 누구나 시험을 잘 보고 싶어 하기 때문이다. 하지만 그게 몇몇 사람에게만 해당하는 일일까? 물론 타고난 재능을 가진 사람도 있을 수 있겠지만, 우리가 늘 그런 학생들과 경쟁하는 것은 아니다. 그보다 중요한 건 남이 아니라 바로 당신 자신이다. 당신이 공부 방식을 결정하는 문제는 순전히 당신만이 결정할 수 있다.

또한 자기 스스로 공부법을 택할 수 있다면, 그 사람은 사회에 나가서 마찬가지로 자신의 일을 처리해나갈 수 있다. 세상 사람들은 보통 이렇게 말하곤 한다. 학교 우등생이 사회 우등생은 아니라고. 하지만 그 말은 학교에서 '시키는 대로' 공부하는 학생에게만 해당하는 이야기다. 혼자 알아서 공부법 찾아내는 학생들은 거기 해당이 안 된다. 그리고 그런 학생들은 틀림없이 시행착오를 겪을 것이며, 또한 그 대가로 성공할 수 있을 것이다. 자신만의 독창적 경험을 통해 자기 학습이 가능하기 때문이다. 대학에서 학생부 종합전형을 통해 학생의 성장과정을 보는 것 역시, 지원자가 독창적인 경험을 갖고 있는가를 살펴보는 과정에 불과하다.

　그러니 이제 당신도 남과 다른 방식의 성공 과정을 만들어보자. 어려운 것이 아니다. 앞서 말했던 것을 좀 더 정리해서 말해보겠다. 문제집을 펴고, 해설지를 옆에 나란히 편다. 문제를 보고, 정답을 확인하며, 해설의 내용을 쭉 살펴본다. 이 과정을 시험범위 처음부터 끝까지 5번에서 7번 정도 반복하는 것이다. 물론 횟수를 거듭할수록 확실하게 아는 문제가 늘어난다. 그런 문제는 따로 표시해두고 건너뛴다. 이렇게 하면 공부속도를 비약적으로 올릴 수 있다. 횟수를 거듭할수록 안 봐도 되는 문제가 점점 늘어나기 때문이다. 이때 아무리 시간이 없더라도 최소 3번은 반복해서 봐야 한다. 그래야 머리에 기억이 정착된다.

　이렇게 공부할 때의 어려운 점이 하나 있다. 이해하고픈 충동을 억누르기 힘들다는 점이다. 사람이 기본적으로 의미를 추구하기에 그렇다. 해당 문제 자체는 해설을 통해 이해할 수 있더라도, 전체적인 맥락은 이해할 수 없다. 지금 보는 문제가 전체 내용 중 어느 부분에 해당하는 내용인지 도무지 알 수 없는 것이다. 예를 들어 한국사 과목을 공부한다고 생각해 보자. '가락바퀴가 쓰인 시대의 특징'을 묻는 문제가 나왔다면 해설을 통해 해당 시대의 내용과 특징을 알 수는 있다. 하지만 우리는 그 이상의 정보를 요구하는 버릇이 나온다. 체계적으로 처음부터 정리해서 알아두지 않으면 안 된다는 강박관념 때문이다. 예를 들어 이 시대 앞 시대는 어떤 시대이고, 문제에 나온 시대 뒤에는 어떤 시대인지, 그리고 각 시대별 특징은 무엇이고, 내가 배우는 부분은 그래서 앞뒤 내용과 어떻게 연결되는지, 완전히 알지 않으면 안 될 것 같은 불안감이 생긴다.

하지만 거꾸로 생각해야 한다. 수많은 이론 내용 중 특정 내용이 문제로 나왔다면 그 이유가 무엇이겠는가? 문제집을 만든 사람이 해당 내용을 문제로 낼만한 가치가 있었기 때문이다. 다시 말해 그 단원에서 핵심 내용이라는 뜻이다. 그 외 나머지는 1순위로 중요한 건 아니라는 뜻도 된다. 문제를 본다는 건 핵심을 본다는 것이고, 답과 해설을 확인하는 건 핵심이 왜 핵심인지를 확인하는 것이다. 그 이상을 알 필요는 없다. 반복해서 해설을 보고 여러 문제를 푸는 동안, 저절로 내용이 연결되고 정리되기 때문이다.

그래도 여전히 불안한가? 이를 해결하기 위한 좋은 방법이 있다. 또 다른 문제집을 한 권 더 풀어 보는 것이다. 나는 학생들이 돈이 없어서 문제집을 사지 못한다는 말은 믿지 않는다. 자기 생활을 위해 돈을 얼마나 써대는지 학교에서 분명히 보고 있기 때문이다. 학생들은 잠잘 시간을 줄여서라도 반드시 매점에 가며, 용돈을 아껴서 PC방에 가고 게임 아이템을 산다. 정확히는 문제집을 살 '마음'이 없다고 말하는 편이 적절한 것 같다. 하지만 정말로 돈을 아끼고 싶은 거라면, 대학 등록금을 아낄 생각부터 해야 맞지 않을까? 투자와 소비를 구분하지 못한다면 큰일을 해낼 수 없다. 같은 과목의 문제집을 한꺼번에 여러 권 살 필요는 없지만, 한 권의 문제집을 확실히 풀었다면 다른 문제집을 하나 더 사는 것도 실력을 올리는 좋은 방법이다. 요컨대 이 방법은 공부를 '질'이 아니라 문제의 '양'으로 생각하고 승부하는 방식이라고 생각하면 정확하다.

# 천재가 아니어도
# 할 수 있다

## 군자(君子)에겐 세 가지 즐거움이 있다지만 ──

『맹자』〈진심편(盡心篇)〉을 보면 군자(君子)의 세 가지 즐거움이 소개된다. 첫째는 부모가 모두 살아계시고 형제들이 무고한 것이며, 둘째로는 하늘을 우러러 부끄럽지 않고, 사람들을 굽어보아 부끄럽지 않은 것이라고 한다. 마지막인 셋째로는 천하의 영재를 얻어 가르치는 것이라고 설명한다. 교육과 관련된 것은 세 번째 항목이다. 이 부분은 가르치는 사람에겐 재미가 있는지 어떤지는 모르겠으나, 배우는 사람 입장에선 서운한 말로 들릴 수도 있겠다. 영재가 아니면 가르치는 사람에겐 즐거움이 아니라니.

하지만 공부란 무릇 천재만이 해야 하는 것이 아니다. 어떠한 분야든 공부는 피할 길이 없으며, 머리의 좋고 나쁨을 한탄하며 배울 수 있는 것도 아니다. 어떠한 분야든 먹고 살기 위해 필요한 것이 공부인데 어쩔 것인가. 공부는 고등학교를 졸업하고 대학교를 졸업한다고 해서 끝나는 것이 아니며, 오히려 사회에 나간 그 순간부터 시작된다. 그리고 바로 그렇기 때문에, 어른들이 하는 공부는 학생들이 하는 공부보다 효율성이 높다. 절박하기 때문이다. 지금 하고 있는 공부에 몰입을 하지 못하는 이유가 무엇일까. 집중력이 부족해서가 아니라 단지 필요성을 느끼지 못해서가 아닐까. 필요성을 느끼면 집중력은 저절로 발휘된다. 따라서 머리가 평범하거나 그 이하일지라도 큰 문제가 안 된다.

시험공부를 하기 위해서 필요한 건 좋은 머리나 엄청난 수준의 노력이 아니다. 앞서도 말했지만 이미 한국에서 교육받은 당신의 머리는 충분히 좋은 수준이다. 또한 당신의 노력이 부족하다면 그건 단순히 의지력 박약의 문제만으로도 돌릴 수 없다. 더 중요한 것은 정확한 방법이다. 오직 자신이 직접 찾아보고 경험한 정보만이 진짜다. 특히 어떤 분야든 관련 경험이 없는데도 충고하는 사람들은 꼭 피해야 한다. 그런 사람들은 그저 자기 생각만을 말하고 있는 것이다. 게다가 이런 생각이란 자신의 경험에서 우러나온 확고한 믿음도 아니며, 그저 남들이 말하는 이야기를 자신의 생각으로 편집하는 경우도 있으므로 더욱 주의가 필요하다.

## 천재만 공부해야 하는 것은 아니다 ___

공부가 천재들에만 필요한 것이라면, 공립학교란 있을 이유가 없는 곳이다. 당신이 성적에 불만이 있다면 당신이 바꿀 수 있는 것을 찾아 재빨리, 그것도 가장 효율적으로 바꿔야만 한다. 당신이 바꿀 수 있는 것이 무엇이겠는가? 교육 제도겠는가? 아니면 학교? 그렇지 않다. 당신이 바꿀 수 있는 것은 결국 당신 자신뿐이다. 당신이 가는 길 전체에 양탄자를 깔아두기보다는, 당신의 신발에 푹신한 깔창을 까는 편이 낫지 않을까. 당신의 머리를 탓하기보다 전략이 없음을 빨리 깨닫는 편이 낫다. 공부 전략이란 배워 익힐 수 있는 것이다.

반면 역사에 등장했던 뛰어난 전략가들, 장군들을 떠올려 보자. 천재적인 장군들의 기묘한 계책은 평범한 장군들이 흉내 낼 수 없다. 그런 것은 오직 천재만이 생각하고 실행할 수 있기 때문이다. 다시 말해 그들의 전략전술을 실행하려면, 애초에 천재가 아니면 안 된다는 뜻이다. 이런 것이 평범한 수준의 군사전문가들에게 도움이 될까? 그렇지는 않을 것이다. 반면 누구나 배워 익힐 수 있는 것이라면 어느 정도의 성과는 나타날 것이다. 배워 익힐 수 있는 것, 정해진 방법대로 하면 일정 수준의 성과가 보장되는 것, 우리는 바로 그런 것을 찾아야 한다. 그것이 당신이 공부법에 관한 책을 읽고, 무수히 많은 학습 수기를 찾아 읽어야 하는 이유가 된다.

반복해서 말하지만 시간을 투자해서 얻은 것이 쓸모가 있으려면 누구나 따라할 수 있는 방법이어야 한다. 또한 그렇기에 방법 자체가 단순할수록 좋다. 대학 합격 수기의 경우에도 애초 머리 좋은 사람이 좋은 결과를 낸 것이라면 그다지 감동이 없다. 나의 삶과는 동 떨어져 있기 때문이다. 나는 임용시험을 칠 때 하루 5시간을 공부해서 합격한 사람의 수기는 읽지 않았다. 보통 교원임용시험을 준비하는 사람들은 하루 8시간에서 10시간 정도 공부를 한다. 하루 4~5시간을 투자해서 합격했다면 대단한 것이다. 불필요한 노력을 좋아하지 않는 내가 그런 사람들의 합격수기를 피한 이유는 하나뿐이다. 내가 그렇게 할 수 없었기 때문이다. 나는 내가 할 수 있는 것과 할 수 없는 것을 구분했고, 그래서 내가 할 수 있는 것 중 가장 좋은 방법을 찾길 원했다. 사막 한 가운데서 길을 잃었는데 지나가는 비행기를 찾는 것은 어리석은 짓이지 않겠는가. 설령 비행기가 아무리 빠르다고 해도.

인문계 고등학교는 야간에 성적우수자를 대상으로 심화수업을 하는 경우가 있다. 나는 이런 수업이 내키지 않는다. 이미 성적이 잘 나오는 학생을 굳이 더 가르쳐야 할 이유를 알 수가 없어서다. 그런 학생에게 교사가 따로 해줄 수 있는 것은 많지 않은데, 굳이 왜 수업을 해야 하는지 모르겠다. 그보다 나는 내가 도와줄 게 많은 학생을 대상으로 수업하는 편이 좋다. 이런 학생들은 당장 성적을 올려주기란 쉽지 않다. 하지만 자기 혼자 고집 피우지 않고 순순히 따라올 경우 반드시 결과가 나온다.

당신이 반드시 기억해야 할 것이 있다. 머리 좋은 사람은 결국 머리 좋은 사람끼리 경쟁한다는 사실이다. 의사는 의사끼리 경쟁한다. 변호사가 변호사끼리 경쟁하는 것처럼. 어차피 당신은 앞으로 당신이 선택한 분야에 속한 사람들과 경쟁하게 될 것이다. 그러니 딱 그 세계에서 인정받을 수 있는 만큼만 노력하면 된다. 지레 겁먹을 필요도 없다. 각자 자신이 속한 분야에서 어떻게 스스로를 차별화할 것인가만 생각하면 된다. 그럴 수 있는 방법을 찾도록 노력하는 것이 당신이 할 일이다.

# 몇 권의 문제집이든
# 풀 수 있다

## 문제집만 풀 때의 문제점은 무엇일까? ──

문제집만 풀 때의 단점은 체계가 잡히지 않는다는 것이다. 그러다 보니 학생들은 불안해한다. 그래서 내가 가르쳐 준 대로 조금 하다가 다시 이전의 방법으로 돌아가곤 한다. 즉 교과서와 참고서 같은 이론서부터 다시 펴는 것이다. 하지만 이런 현상은 결국 완벽주의에서 비롯된다. 완벽주의를 떨치고 계속 문제를 풀어나가야 한다. 하지만 역시 나약한 것이 인간의 마음이다. 효과를 보기 전까지는 의심만 하다가 끝까지 실천을 못하는 경우를 본다. 아무리 가르쳐 줘도 잠깐 해보고는 결국 원래의 방식으로 돌아가 버린다.

불안해하는 마음은 이해한다. 누구나 착실한 공부 습관이 중요하다고 강조하기 때문이다. 하지만 입시 현실에서 중등학교 공부란 배움이나 앎과는 거리가 먼 것이 현실이다. 내 방법은 그런 것을 추구하는 학생들에게는 분명 도움이 되지 않는다. 하지만 내 방식을 체계적으로 따라하는 학생들은 분명한 보상이 있었다. 적어도 원하는 결과를 얻는 것이 노력의 목적일 때는 그랬다. 공부를 위한 최적의 기술은 결국 얼마나 많은 반복을, 되도록 쉽게 해내느냐에 달려 있다. 하지만 대다수의 학생들이 이를 이해하지 못하므로 반복은 꿈에도 생각을 못한다. 만약 공부의 핵심이 반복임을 이해한다면 그토록 많은 학생들이 선행학습에 매달리지는 않을 것이다.

결국 문제집만 풀 때에는 전체를 차근차근 알 수 없어서 공부를 진지하게 하지 않는 듯한 느낌을 받는다. 왠지 모르게 편법을 쓰는 것 같은 느낌을 받는 것이다. 하지만 자존심이나 세상의 상식은 잠깐 접어두자. '나'가 아닌 '시험'에 초점을 맞추기로 결심한다면 점수는 분명 올릴 수 있기 때문이다. 처음에는 이해도 잘 안 되고, 체계도 잘 잡히지 않아 걱정일 것이다. 하지만 너무 걱정할 필요 없다. 학문이 아니라 시험 준비를 할 뿐이므로.

## 문제집을 여러 권 풀면 좋은 점 ──

모르면 보이지 않지만 알면 보인다. 이 때 안다는 것은 '답을 안다'는 말이다. 이상하지만 문제에 대한 답만 공부해도 내용이 저절로 이해되는 순간이 온다. 아는 내용들이 서로 연결되면서 저절로 '아, 이게 그 뜻이었구나'하게 되기 때문이다. 아는 만큼 보인다는 말은 역전의 학습법에도 그대로 적용된다. 다만 그렇다 할지라도 역시 한 권의 문제집만으론 만점을 기대하긴 어렵다. 대신 확실하게 높은 점수를 얻을 수 는 있다. 게다가 중요한 시험이라면 두세 권의 문제집을 풀게 된다. 대개의 내용은 겹치게 마련이지만, 그렇지 않은 문제도 얼마든지 나올 수 있다.

예를 들어 문제집 A와 B의 내용이 70%가 겹친다고 하자. 그럼 각각 겹치지 않는 부분은 A가 30%, B가 30%가 될 것이다. 따라서 A와 B에 나오는 문제들을 정확히 풀 수 있다면, 30%+70%+30%가 되어 130%에 달하는 문제풀이 능력을 갖게 되었다고 보면 된다. 이렇게 겹치지 않는 부분의 양을 늘려나가는 것이 문제집을 여러 권 푸는 이유이다.

물론 이론상 내용이 전혀 겹치지 않는 문제집 두 권을 풀었다면 문제풀이 능력은 200%가 되어 있을 것이다. 하지만 이런 경우란 있을 수 없다. 어떠한 문제집을 풀든 비슷한, 다시 말해 겹치는 부분은 반드시 있다. 완전히 새로운 내용의 문제만 실어놓은 문제집은 없다. 배워야 할 내용이 정해져 있기 때문이다. 결국 여러 권의 문제집을 푸는 일은, 효율성은 떨어지지만 완벽성이란 측면에선 의미가 있다.

## 문제집만 풀어도 성공할 수 있는 이유 ──

이해만 하고 넘어가는 공부만큼 위험한 것도 없다. 적어도 시험공부라면 더욱 그렇다. 나는 시험용 지식이란 사실 아무짝에도 쓸모가 없다고 생각하는데, 그 이유는 인터넷만 쓸 줄 알면 어지간한 정보는 죄다 얻을 수 있기 때문이다. 게다가 단순 계산은 기계가 인간보다 훨씬 빠르다. 당신은 휴대폰 속의 계산기보다 더 빠르게 계산할 수 있는가? 도구를 활용하면 되는데 온갖 지식을 머리에 넣고 다닐 필요가 있는지는 잘 모르겠다.

하지만 세상에서 사람을 걸러내는 기준은 역시 시험이다. 학교의 정기고사든, 면접이든, 취업을 위한 인적성 검사든, 그 어떤 시험도 결국 사람들을 구분하기 위한 것에 불과하다. 시험보다 더 확실하게 사람을 가르는 방법이 나타나지 않는 한, 시험은 사라지지 않을 것이다. 현재의 시험 제도가 아무리 비판받아도 계속 유지되는 이유다. 그러니 우리가 문제집을 계속 풀어대는 것이 아무 쓸모없는 일은 아니다. 더구나 문제집만 정확하게 반복해서 빨리 풀면, 나머지 시간은 뭘 하든 자유다. 학생들이 놀지 못하는 이유는 어떤 의미로는 제대로 공부해 본 적이 없기 때문인지도 모른다. 제대로 공부하는 방법을 알지 못하기 때문에 그저 열심히 해야 하고, 내가 하는 공부가 언제 끝날지는 아무도 모른다. 결국 제대로 공부하지 못하면, 제대로 놀지도 못하는 결과로 이어진다.

문제집을 푸는 일은 효율성을 높이는 일이다. 교사인 나에게는 학기 초에 무지 많은 교사용 교재가 온다. 각 지역 서점에서 공급하는 것인데, 나는 이것들을 학생들에게 나눠주며 말한다. 이게 진짜 공부하기 좋은 교재라고. 왜냐하면 교사용 교재는 문제 밑에 파란 글씨로 해설이 친절하게 달려 있으며, 답도 표시되어 있기 때문이다. 문제집의 문제를 꼭 풀어야만 실력이 오르는 게 아니다. 문제집의 문제와 답, 해설만 부지런히 눈에 익혀두면 그 자체로 공부가 된다. 더구나 해설지를 따로 들고 다니지 않아도 되니 얼마나 편한가. 나는 학교에서 성실한 학생들에게 이런 문제집을 매년 나눠주고 있다. 풀기 어려운 문제가 있다면, 그것만 표시해 두었다가 더 자주 보면 된다.

요약정리 자료를 만들거나 노트 필기하는 경우에는 시간도 오래 걸린다. 또한 직접 문제를 푸는 과정이 아니기에 아무래도 긴장감이 떨어진다. 하지만 문제집을 풀어보면 맞고 틀리는 과정이 눈에 보인다. 이때 기억할 것은 모르는 게 많다고 겁을 먹거나 스트레스 받지 않는 일이다. 처음 보는 내용인데 모두 안다면 그게 더 이상하지 않을까. '이걸 언제 다 하나' 같은 생각도 들겠지만, 어쨌든 학생들이 풀 수 있는 수준과 양으로 나온 것이 문제집이다. 출판사도 바보가 아니다. 그들은 문제집을 팔아서 돈을 번다. 애초에 풀 수 없는 수준이라든지 과도한 분량의 문제를 팔고 있을 리가 없다. 걱정하지 말고 문제와 답만 꾸준히 훑어보고 살펴보는 일이라도 하기 바란다.

# 역전(逆轉) 공부법,
# 이렇게 한다

# 준비 단계

## 어떤 문제집이 좋은 문제집인가 ──

좋은 문제집이 뭐냐고 아예 이름을 추천해달라고 말하는 학생이 매년 수십 명은 된다. 그것도 영역별로. 하지만 그것을 고르는 눈을 기르는 것도 공부다. 그래서 어지간하면 직접 추천은 하지 않는다. 게다가 그렇게 추천받은 문제집을 끝까지 풀어내는 학생을 본 적도 없어서, 더더욱 그럴 필요성을 느끼지도 않는다. 시간 부족도 있겠지만 자신이 직접 고른 것이 아니다 보니 더 그런 것 같다는 생각이 든다. 다만 그간의 경험으로 어떻게 문제집을 고르면 덜 실패하는지는 말해줄 수 있을 것 같다.

먼저 시험공부의 핵심이 무엇인지를 생각해야 한다. 계속 말했듯이 핵심은 반복에 있다. 그러면 반복을 위해 두꺼운 문제집과 얇은 문제집 중 어느 쪽이 유리할지는 뻔하다. 당신은 바로 얇은 문제집을 사야 한다. 극단적으로 얇은 문제집을 고르라는 것은 아니다. 다만 너무 두껍고 문제만 많은 문제집은 피하라는 뜻으로 이해해주었으면 좋겠다.

두 번째로 문제와 해설의 비율을 살펴보아야 한다. 기본적으로 문제보다 해설이 많으면 좋은데 둘 사이의 비율이 1:1.5 이상이면 좋고, 적어도 1:1의 수준은 되어야 한다. 이론서보다 먼저 문제집을 풀기 때문에, 설명이 상세해야 좋기 때문이다.

세 번째는 구성이다. 구성은 다시 몇 가지로 살펴야 할 점을 나눠볼 수 있다. 일단 문제 아래에 해설과 답이 달려 있으면 좋다. 그렇지 않으면 뒤에 있는 해설집을 따로 꺼내서 펼쳐놓아야 하기 때문이다. 이때 책상이 좁으면 문제집과 해설집을 모두 펴놓고 보기가 불편해진다. 학교의 교실은 좁은 공간에 많은 학생들이 들어가는 곳이다. 따라서 책상은 과거에 비해서도 별로 커지지 않았다. 이런 좁은 책상 위에 온갖 필기구와 문제집, 해설집을 늘어놓고 공부하는 건 쉬운 일이 아니다. 더 나쁜 건 뒤에 달리 해설집이 아예 분리가 안 되는 경우다. 이런 경우가 아직까지 있는데, 이런 점은 출판사에서 신경을 써주어야 할 부분이다. 보기 불편하기 때문이다. 나는 속도와 편의성을 중시하기에 이런 문제집은 되도록 피한다.

또한 이것은 어디까지나 개인 취향이지만, 나는 내용이 단색인 문제집은 되도록 피한다. 문제 아래에 답과 해설이 있는 문제집이 한 종류뿐이라면 어쩔 수 없이 단색이어도 사지만, 아무래도 흑백으로만 만들어진 책이면 쉽게 지루해진다(다만 요새는 이런 책은 많지 않다). 물론 색상이 너무 많아 눈이 어지러운 책도 당연히 피한다. 이는 직접 보고 스스로 선택하면 된다.

그 외에도 나는 내 수업을 위한 보조 교재를 고를 때 오탈자가 매년 고쳐지지 않는 문제집도 피한다. 하지만 이건 매년 같은 문제를 풀 필요가 없는 학생들에게는 해당하지 않는 이야기일 것이다. 다만 문제집을 사면 반드시 출판사 홈페이지에 가서 정오표를 내려 받아야 한다. 이 과정은 거의 대부분의 학생이 하지 않는 일이다. 그러나 기껏 공부했는데 틀린 내용으로 공부한다면 안 하느니만 못한 노력을 한 것이다. 그런 일을 막기 위해서라도 정오표는 꼭 내려 받아 확인하기 바란다.

한 가지 참고로 말해두고 싶은 것이 있다. 선생님들을 찾아가서 안 쓰시는 연구용 문제집이 있는지 여쭤보라는 것이다. 그런 문제집은 판매가 안 되기에 일반 학생들은 구할 수 없다. 하지만 그런 문제집이야말로 정말 좋은 교재다. 앞서 말한 대로 한 페이지에 문제에 대한 해설이 모조리 나와 있기 때문이다. 내가 이런 팁을 알려주는 건 문제집 값 아끼라고 말해주는 건 절대 아니다.

나는 학생들이 돈이 없다는 말은 거의 믿지 않는다. 인문계 학생들은 아르바이트를 못하니까 돈이 없는 것 아니냐고 생각하면 오산이다. 그렇다면 학교 내 매점은 없어야 하지만 실제로는 날마다 어마어마한 판매수익을 올리고 있다. 학생들은 간식도 자주 사먹으며, 간간이 피씨방에도, 멀티방에도, 노래방에도 놀러 간다. 학생들이 놀지 못하는 건 시간이 없어서지, 돈이 없어서는 결코 아닌 것 같다. 놀러다니는 게 나쁘다는 말이 아니다. 단지 돈이 없어서 책을 못산다는 말은 하지 말라는 뜻이다. 책을 사다 보면 생각보다 기대 이하인 책, 내 수준에 안 맞는 책, 흥미를 잃어서 더 이상 보지 않는 책이 생각보다 많다. 하지만 문제집은 그럴 가능성이 낮다. 처음부터 즐거움을 얻으려고 고른 책이 아니기 때문이다. 그러니 책값을 아까워할 필요도 없다. 자꾸 시간과 돈을 한 분야에 집중 투자해 보라. 그래야만 성과를 낼 수 있다.


## 최적의 공부 여건을 만든다 ——

최적의 공부 여건을 만든다는 것이 무슨 뜻인지 잘 모르는 사람들이 의외로 많다. 정신력만 있으면 상황이야 어찌됐든 공부할 수 있다고 말하는 어른들이 있다. 틀린 말은 아니지만, 굳이 그런 극단적인 상황을 가정해서 공부해야 하는지는 의문이다. 학생들은 공부하기 전에 최적의 상황을 만드는 게 먼저라는 사실을 본능으로 안다. 그래서 가장 먼저 시작하는 것이 방청소다. 너무 많은 시간을 쓰면 곤란하겠지만, 주변 환경을 정리함으로써 마음도 같이 정돈하는 것이라면 나쁘지 않다. 이런저런 것들을 늘어놓기에 책상은 다소 어지럽더라도, 방 자체가 깨끗하면 기분부터 좋아진다. 좋은 기분을 유지하면 집중력도 올라간다.

나는 교무실에서는 개인적인 일은 거의 하지 않는다. 각종 서류로 책상 위가 어지럽고, 따라서 차분히 공부하거나 글을 쓰기에 적합하지 않기 때문이다. 나는 글을 쓸 때에는 퇴근 후 카페나 도서관을 이용하는데 교무실보다 정돈된 느낌이 들어서 확실히 집중이 잘 된다. 일단 저녁의 카페는 다소 소음이 있어서 졸리지 않다. 저녁 7시 무렵이면 주로 식사를 마친 아주머니들이 카페에 놀러 오시는 경우가 많다. 게다가 카페란 그 자체로 탁 트인 넓은 공간이다. 개인적으로 이만한 평수의 집을 사서 유지하기보다 카페에 날마다 가는 편이 당연히 싸게 먹힌다. 더구나 카페에 가면 비용을 지불해야 하기 때문에 그 이상의 성과가 나오도록 노력하게 된다. 부지런히 쓰면 A4 기준으로 2~3페이지 정도 쓸 수 있다. 카페에서 두세 시간 앉아 있는 동안 이 정도 분량을 쓰는 것은 큰 성과다. 내가 책을 한 권 쓸 때의 기준은 글자 크기 11포인트, A4로 100매다. 따라서 하루 3페이지를 쓸 수 있으면 한 달 만에 책 한 권을 쓸 수 있다는 말이 된다. 책을 쓰기 전에 공부하는 시간을 두 달, 글을 다듬는 시간을 한 달로 잡으면 1년에 3권을 쓸 수 있다. 1년에 3권의 책을 쓸 수 있는 작가는 여간해서 찾기 어렵다.

학생들은 글을 쓰진 않지만 집중력이 발휘되는 장소가 필요하다는 점에선 나와 같다. 더구나 예민한 학생일수록 가끔이라도 다소 소음이 있는 곳에서 공부해 볼 필요가 있다. 그렇게 해서 본인의 예민함을 지속적으로 낮추는 것이다. 수능시험 당일 어떤 돌발변수가 나타날지는 아무도 알 수 없다. 다소 소음이 발생하더라도 여유롭게 공부할 수 있는 습관을 만들어두는 편이 좋다. 더구나 스스로 선택해서 소음이 있는 곳을 찾아간 것이므로, 스트레스도 덜하다.

반면 도서관은 매우 조용하다. 개인적으로는 이런 조용한 분위기를 좋아한다. 게다가 도서관 책상은 카페보다 넓다. 내가 가는 도서관은 보통 저녁 때 가면 6인용 책상을 혼자서 쓸 때도 많다. 책을 쓰기 전에는 최소 한 분야에 관한 책을 스무 권에서 서른 권 정도는 읽는 작업을 하게 된다. 이때 책을 쌓아두고 공부하기에는 넓은 책상이 유리하다. 일단 공간이 넓으면 심리적으로 편안해진다. 안 보는 책들은 평소 서가에서 꺼내지 않더라도, 일단 보기로 결심한 분야의 책은 모조리 꺼내서 쌓아두고 보는 것이 좋다. 책을 읽다가 참고하고 싶은 내용이 있으면 전에 읽은 책을 빠르게 훑어볼 수 있기 때문이다. 학생들도 과목을 바꿔 공부할 때마다 일일이 가방에서 책을 꺼내는 건 불편할 것이다. 그보다는 필요한 책을 쌓아두고 언제든지 볼 수 있는 넓은 책상이 유리하다.

또한 도서관에는 보통 개인 사물함 이용 신청을 받는다. 평소 신청 기간을 미리 알아두었다가 신청하면 여유 공간이 생기므로, 무겁게 책을 들고 다닐 일이 줄어든다. 그러면 책을 쌓아두고 공부하기가 더 편하다.

다만 나는 시험 기간 2주 전부터는 도서관은 피한다. 일부 학생들이 계속 들락거리면서 공부의 흐름이 깨지기 때문이다. 이럴 때는 앞서 말한 대로 카페를 이용하는 편이 낫다. 글을 쓰는 일이나 공부나 둘 다 높은 수준의 집중력을 요구하는 일이다. 따라서 최적의 장소를 찾기 위해 노력하는 일은 불필요한 노력이 아님을 알아두는 편이 좋다.

좋은 공부 여건에는 손닿는 곳에 필요한 책이 있어야 함도 포함된다. 만약 장소를 수시로 바꿔가며 공부하는 학생이라면, 같은 책을 두 권이든 세 권이든 사는 것도 생각해볼 필요가 있다. 무겁게 책을 들고 다니는 것보다 그 편이 도움이 되기 때문이다. 꼭 책이 아니더라도 마찬가지다. 예를 들어 나는 독서대만 대여섯 개를 가지고 있다. 가지고 다니기 편한 소형 독서대를 하나 가지고 있으며, 눈높이까지 올라오는 특수 형태의 대형 독서대도 4개 가지고 있다. 이것들을 각각 관사, 집, 교무실, 교실에 하나씩 두고 쓴다. 일일이 들고 다니기에는 부피도 크지만 무게도 상당하기 때문이다. 독서대는 사용 여부에 따라 공부 효과가 많이 차이 난다. 효율을 돈으로 살 수 있다면 기꺼이 대가를 지불하겠다고 결심하라. 그것이 투자 이상의 가치로 되돌아온다.

앞서도 잠깐 말했지만 책상 크기도 클수록 좋다. 책상의 크기는 곧 작업장의 크기라 보아도 좋다. 보통 가정용 책상의 가로 길이는 120cm다. 그 다음은 보통 140cm다. 내가 가진 책상의 길이는 180cm 인데, 방의 크기가 충분했더라면 더 큰 책상을 샀을 것이다. 책상이 크면 무게감이 상당해서 잘 흔들리지 않는다. 이는 글씨를 쓰거나 노트북을 사용할 때 상당한 장점이 된다. 책상이 가벼우면 아무래도 흔들림이 있다. 하지만 역시 가장 중요한 것은 책을 쌓아두고 볼 수 있다는 점이다. 큰 책상의 중요성은 다치바나 다카시의 『나는 이런 책을 읽어 왔다』를 보고 배웠다. 이 사람이야말로 공부 환경의 중요성에 대해 매우 엄격한 기준을 갖고 있는 사람이다. 또한 다치바나 씨는 글을 쓰기 위해 공부도 집요할 정도로 하는 사람이다. 원하는 책상을 사기 위해 일본 전국을 돌고 책상 값으로만 수백만 원씩 지불하는 사람이니, 자기 일에 대한 엄격함이 어떤 정도인지 알 수 있으리라 생각한다. 나는 간신히 다치바나 씨를 흉내 내는 정도인데, 그것만으로도 효과는 확실했다. 그리고 이 분은 평소 책장에 종류별로 책을 꽂아둔다. 그리고 필요할 때는 한 분야의 책을 모조리 책상 위에 꺼내두고 하나하나 읽으면서 공부한다고 한다. 꽂아둔 책에는 왠지 손이 가지 않기 때문이라는데, 이 점에는 나 역시 동의한다. 필요한 책과 그 외의 자료까지 여기저기 펼쳐두면, 자연스레 큰 책상이 필요할 수밖에 없다.

다만 학생 입장에서 당장 책상을 바꾸기는 어려울 것이다. 그럼에도 불구하고 책상에 관한 이야기를 굳이 꺼낸 이유가 있다. 공부가 평생 피할 수 없는 것이기 때문이다. 당신이 어른이 되었을 때 더 빨리 성장하는 길이 무엇인지 알고 싶은가? 자동차를 사기 전에 좋은 책상부터 사는 것이다. 자동차는 사는 그 순간부터 유지 비용이 든다. 다시 말해 소비라고 볼 수 있다. 하지만 책상은 당신의 몸값을 높이는 도구다. 그런 의미에서 책상은 투자라고 볼 수 있다. 더구나 자동차와 책상의 가격은 비교도 안 된다. 개인적인 불만이지만 그래서 나는 학교의 학생용 책상과 개인사물함이 더 커졌으면 하는 생각이 있다.


## 움직이지 않는 목표를 정한다 ——

1953년, 미국의 예일대학에서는 졸업을 앞둔 4학년을 대상으로 목표 설정에 대한 질문을 했다. 이때 응답자의 87%는 목표 설정을 아예 하지 않았다고 답했고, 10%는 대략적이나마 목표를 세우려는 노력을 했다고 응답했다. 반면 자신의 목표와 기준을 직접 종이에 적어가며 생각해 보았다고 답한 사람은 고작 3%였다. 예일대는 이들이 20년 후 어떻게 살고 있는지 추적 조사를 했는데, 그 결과는 매우 주목할 만했다. 직업이나 재정상태 등 모든 측면에서, 목표를 설정했던 3%의 학생들이 다른 97%의 학생들을 모두 합한 것보다 더 뛰어난 업적을 쌓았던 것이다.

1979년에 하버드 대학이 하버드 경영대학원 졸업생들을 상대로 한 설문조사도 비슷한 결과를 보여주었다. 하버드 대학은 다음의 세

가지 질문을 졸업생에게 했다고 한다.

1. 장래에 대한 명확한 목표를 설정했는가?
2. 그 목표를 기록해 두었는가?
3. 목표 달성을 위한 구체적인 행동계획이 있는가?

특별한 목표가 없다는 A그룹은 84%, 목표는 있지만 따로 종이에 적어 두지는 않았다는 B그룹은 13%, 구체적 목표를 정하고 기록했다는 C그룹은 3%에 불과했다. 하버드의 연구진도 10년 후인 1989년, 그 졸업생들을 추적해 어떻게 살고 있는지 확인해보았다. 그리고 그 결과는 다음과 같았다. 먼저 B그룹이 A그룹에 비해 소득이 평균 2배 이상 높았다. 또한 C그룹은 B그룹에 비해 소득이 10배 이상 높았다.

무언가를 하겠다는 결심을 매번 하지만, 매번 그 결심이 무너지는 까닭이 무엇일까? 나는 구체성이 빠져 있기 때문이라고 생각한다. 눈에 보이는 분명한 목표가 있고, 단계별 중간 목표가 있다면 이런 일을 막는데 도움이 된다. 이를 위한 좋은 방법이 있다. 목표를 종이에 적어 눈에 잘 띄는 곳에 붙여두면 된다. 포스트잇에 목표나 동기부여가 될 것 같은 기분 좋은 말을 써보자. 그리고 기분전환이 필요할 때마다 문구를 바꿔서 새로 써주면 된다. 하나의 내용만 계속 보고 있으면 금세 질리고 의욕도 떨어진다.

목표를 정할 때에는 당연히 큰 목표부터 정해야 한다. 예를 들면 집중해서 점수를 올리고 싶은 과목, 그러기 위해 보아야 할 문제집, 하루에 풀어야할 문제수를 정하는 일처럼 큰 것부터 작은 것의 순서로 나아가야 한다. 물론 세부 목표를 달성하지 못하는 날도 있다. 학원 과제가 생각보다 많다거나 수행평가 기간에는 더욱 그렇다. 물론 지쳐서 아무것도 하고 싶지 않을 때도 포함된다. 특히 마지막 이유가 중요하다. 사람은 놀기 좋아하며, 일이나 공부를 하면 지치게 되어 있다. 그래서 며칠쯤 빼먹으면 그 일에 대한 죄책감이나 자기합리화를 하면서 그 일을 그만두어 버린다. 흔히 의지박약이라고 표현하며 그만두는데, 꼭 그럴 필요는 없다. 그저 다시 하면 되기 때문이다. 무엇보다 큰 목표를 놓치지 않는 것이 가장 중요하다. 앞서도 잠깐 인용했지만 동기 부여 전문가인 브라이언 트레이시는 언젠가 한국에서 강연을 할 때 이런 이야기를 했다.

"저는 어제 LA에서 아침에 서울행 비행기를 탔습니다. 비행기가 LA공항을 이륙하자 조종사가 안내 방송을 했습니다. '손님 여러분, 이 비행기는 12시간 37분 후에 서울에 도착할 예정입니다.' 12시간 37분 만에 간다는 겁니다. 비행기를 좀 아시는 분이라면 비행기는 운항 시간 중 99%는 정해진 궤도에 있지 않다는 사실을 아실 겁니다. 99%의 시간 동안에는 궤도에서 벗어나 있는 거지요. 모든 비행기가 다 99%의 시간 동안에는 궤도에서 벗어나 있습니다.

그렇기 때문에 조종사들은 계속해서 비행기를 정상궤도로 되돌아오도록 조종합니다. 바람이 비행기를 움직일 수도 있고 기류나 구름 때문에 위, 아래로 왔다갔다 하다보면 99%의 시간 동안에는 정확한 궤도를 벗어나게 됩니다. 하지만 실제 비행기가 얼마 만에 도착했는지 아시겠습니까? 얼마나 걸렸을까요? 12시간 37분입니다. 인천공항 도착 시간은 LA공항을 이륙할 때 안내했던 도착시간과 정확히 일치했습니다. 대부분 궤도를 벗어나 날아왔는데도 말입니다.

여러분이 미래에 대한 분명한 비전이 있고 완벽한 미래에 대해 분명하게 그리고 있다 하더라도 여러분도 99%는 궤도에서 벗어나 있을 겁니다. 실수도 하고 다양한 시도도 하고, 여러 교훈을 배우고, 일시적인 장애물도 만나고, 어려움도 겪고, 모든 경험을 통해 배우면서 궤도 밖으로 나갔다가 안으로, 다시 밖으로, 다시 안으로 왔다 갔다 하겠지만 결국 적당한 시기에 목표를 달성하게 될 것입니다. 여러분 목표의 공항에 여러분이 처음 생각했던 대로, 방향만 분명히 알고 있다면 도달할 수 있을 것입니다."

정상 궤도에서 이탈한다고 해서 모든 비행기가 추락하는 것은 아니다. 당신 또한 그러하다. 어제 못한 일이 당신의 큰 목표에 걸림돌이 되지 않게 해야 한다. 계속 추진력을 갖고 밀고 나아가자. 그럴 때 당신은 목표에 온전히 도달할 수 있다.

# 실행 단계

## 문제집은 이렇게 푼다 ──

이번에는 문제집을 어떻게 푸는지에 대한 이야기도 해야 할 것 같다. 매우 중요한 부분이니, 혹시 이해가 안 되는 학생은 여러 번 읽어 보며 직접 따라해 보기 바란다. 문제집을 풀 때 대개의 학생은 맞은 문제에는 동그라미를 크게 그리고, 틀린 문제에는 사정없이 선을 긋는다. 이렇게 해서 흔히 틀린 문제가 많은 경우 '시험지에 비가 내린다'고 표현하는데, 이런 식의 채점은 좋지 않다. 왜냐하면 이 경우는 맞은 문제와 틀린 문제의 구분만이 있을 뿐이기 때문이다. 문제를 반복해서 풀 때에는 다음과 같이 푼다.

1단계 : 처음에는 문제와 답만 확인한다

이 단계에서는 문제와 정답, 해설을 확인한다. 정확하게 외울 필요는 없고, 가볍게 본다는 느낌으로 하면 된다. 이 과정을 대략 1~3회독 정도 반복한다. 횟수는 책의 난이도에 따라 학습자가 스스로 결정하면 된다. 여기서 말하는 '회독'의 개념은 교재의 시험 범위를 처음부터 끝까지 한 번을 보았을 때 사용하는 말이다. 흔히 말하는 '문제집을 몇 번 풀었다'는 개념과 같다. 이때 주의할 점은 억지로 내용을 파악하려 애쓰지 말아야 한다는 점이다.

### 2단계: 모르는 문제 번호 위에 □를 그린다.

이 단계도 ①과 똑같이 한다. 다만 답과 해설 내용을 확실히 외워서 설명할 수 있는 문제는 아무 표시도 하지 않고 넘어간다. 하지만 어떤 것이 답인지 모르거나, 답은 알지만 그것이 왜 답인지 설명할 수 없는 문제라면 문제 번호 위에 조그맣게 □를 그린다.

### 3단계: 세 번째는 □을 그린 것만 본다

어쩌면 많은 문제 번호 위에 □를 그렸을 수도 있겠다. 하지만 공부란 모르는 것을 알아가는 과정이다. 너무 스트레스 받지 말고 이때부터 문제와 답, 해설을 좀 더 집중해서 본다. 아직 반복 횟수가 적으므로 답은 알되, 그것이 왜 답인지 설명할 수 없는 문제들도 많을 것이다.

하지만 확실하게 답을 알고 설명할 수 있는 문제라면 이때에는 □

에 / 을 그린다. 그러면 ▨ 모양이 된다.

### 4단계: 네 번째는 □와 ◪만을 본다

4번째를 볼 때에도 여전히 답을 모르거나 설명할 수 없는 문제들이 있을 수 있다. 그런 문제들은 □를 그대로 내버려 두고 해설을 본다. 하지만 정확하게 설명할 수 있는 문제가 다소 늘어났을 것이다. 이 경우 □는 ◪로, 기존에 있던 ◪는 ⊠로 모양을 바꿔준다.

이때 주의할 점은 ⊠은 확실히 아는 문제이므로, 다음번 반복할 때에는 다시 보지 않을 문제라는 것이다. 따라서 정말로 자신이 있는 문제만 이런 표시로 바꿔주어야 한다.

### 5단계: 다섯 번째도 □와 ◪만을 본다

앞서 ④에서 설명했듯이 ⊠는 보지 않는다. 그러므로 이때부터는 다시 보아야 할 문제가 많이 줄어든다. 내가 이 책의 제목에 '속도가 빨라지는' 이라는 표현을 붙인 것은 이 단계 때문이다. 이때부터 속도가 엄청나게 빨라짐을 느낄 수 있다. 다만 여전히 모든 문제에 ⊠ 표시가 된 것은 아닐 것이다. 역시 아직 더 봐야 하는 문제와 답, 해설을 살펴가며 공부를 한다.

### 6단계: 여섯 번째도 □와 ◪만을 본다

아직 완전하게 ⊠ 표시가 되지 않은 문제는 해설을 좀 더 자세히 보아야 한다. 또한 키워드에 따로 연필로 표시해가며 보는 것도 방법이다. 이쯤 반복해서 보면 키워드가 무엇인지 저절로 알게 된다. 앞서 역전 학습을 하다 보면 저절로 내용을 이해하게 된다고 설명한 바 있다. 키워드가 저절로 파악되는 단계가 바로 그러한 단계다.

7단계: 일곱 번째도 □와 ☑만을 본다

이 단계쯤 되면 사실 ☒표시가 되지 않은 문제는 찾기 어려울 것이다. 하지만 그런 문제가 있다면 시험 직전에는 바로 그런 문제들만 골라서 복습해야 한다. 거의 대부분의 문제가 ☒ 표시가 되었을 것이므로, 아예 모르거나 헷갈리는 문제는 해당 페이지 가장자리에 가느다란 포스트잇을 붙여 따로 책갈피처럼 표시해둔다.

위의 7단계에 관한 설명이 어렵다면 설명의 핵심만 파악해도 된다. 결국 내가 문제집을 보는 방법의 핵심은 아는 문제는 그대로 두되, 모르는 문제는 전부 ☒ 상태로 바꾸는 것이다. 다시 말해 □ → ☑ → ☒의 형태로 바꿔나가는 것이 핵심이다. 사실 이 방법은 기억술과 학습법의 대가인 무쿠노키 오사미의 『아침형 인간의 초고속 공부법』, 『리스타트 공부법』에 실린 내용이다. 학습에 대한 방법을 체계적으로 설명해 놓은 성인용 학습법에 관한 책인데, 아쉽게도 지금은 둘 다 절판되어 구할 수가 없다.

내가 즐겨 쓰는 이 방법은 어떤 객관식 시험이든 쓸 수 있다. 다만

3~4단계에서 어려움이 느껴지리라 생각한다. 문제집이 두꺼울수록 더욱 그렇다. 기억하고 공부해야 할 내용이 많으면, 처음부터 끝까지 한 번을 보기가 어렵기 때문이다. 하지만 속도가 빨라지는 5단계부터는 공부가 재밌어진다. 아는 내용이 늘어나 볼 필요가 없는 문제들이 많아지고, 따라서 속도감이 느껴지는 단계이기 때문이다. 속도가 붙는다는 건 답을 알고 있어서 건너뛰어도 되는 문제가 많다는 뜻이다. 따라서 지식이 늘었음을 확실히 체감할 수 있다.

만약 시간이 부족하면 어떻게 해야 할까? 1단계를 건너뛰고 곧바로 2단계부터 시작하면 된다. 다만 이때 거의 모든 문제 번호 위에 □가 그려지는 것은 각오해야 한다.

# 읽기를 포기해야
# 내용이 보인다

## 공부할 때 불필요한 3가지 ──

온 힘을 다해 전심전력으로 공부해야만 하는 것이 아니다. 특히 학생들은 만성피로에 시달리고 있다. 잠을 잘 시간이 적기 때문이다. 이런 상태에서 고통을 참아가며 공부하는 방식이란 이미 그것이 '좋으냐 아니냐'의 문제가 아니게 된다. '가능하냐 불가능하냐'의 문제가 된다.

보통 공부를 할 때 강조되는 것이 예습, 복습, 정독의 3가지다. 그런데 이 3가지 중 2가지는 시험공부 할 땐 크게 도움이 되지 않는다. 그 첫째가 예습이다. 예습의 경우에는 앞서 말한 대로 애초 할 수가 없다. 공부할 시간도 모자란데 미리 예습을 한다는 건 말이 안 되는 이야기다. 얼마 안 되는 시간을 여기에 쏟는 건 학습 전략에 있어 실패라고 볼 수 있다. 그나마 학생들이 하는 유일한 예습은 학원에서 배워오는 선행학습일 텐데, 그 선행학습이란 것이 사실은 '이해'를 목적으로 한 수준일 뿐, 복습은 아니다. 반복해서 말하지만 이렇게 이해로만 끝난 공부는 의미가 없다. 차라리 이해는 못하더라도 시험 때까지 학습내용을 기억하고 있는 것이 낫다.

둘째, 복습의 경우 학생들은 처음부터 철저하게 배운 내용을 되짚어 봐야 한다고 오해한다. 그렇지 않다. 처음에는 내가 무엇을 배웠는가만 떠올리는 수준을 여러 번 반복하면 된다. 처음부터 책이나 노트 필기의 내용을 꼼꼼하게 다 보려고 하면 일단 지쳐버린다. 그렇게 할 것이 아니라, 그저 배운 내용이 뭐였는지 살펴보면 된다. 대신 여러 번 본다. 뒤로 갈수록 이해는 저절로 되고 외우는 내용도 늘어난다. 꼼꼼하게 한 번 보는 것보다 대강 여러 번이 나은 이유다. 이렇게 하면 노력을 적게 들일 수 있다.

셋째, 정독(精讀)의 함정에 빠지지 않는 것이다. 정독이란 책의 내용을 정확히 파악한다는 뜻인데, 일단 한 번 읽어 처음부터 알 수 있는 내용이란 생각만큼 많지 않다. 고생에 비해 얻는 것이 적으면 하기 싫은 것이 사람의 마음이다. 그러다가 이내 지쳐 나가떨어진다. 완벽하게 무언가를 해냈을 때의 기쁨은 생각해 보면 그것이 성공한 직후 뿐이다. 이 잠시 잠깐을 위해 전력을 다해 완벽주의를 지키려 애쓰는 것은 바람직하지 못하다.

이런 문제를 해결하려면 에너지 소모가 적은 방식의 공부를 택해야 한다. 그저 흘려 읽는 것이다. 정확히는 흘려 '보기'라는 표현이 더 정확할 것이다. '읽기'는 적극성을 필요로 하지만, '보기'는 그렇지 않다. '대충 봐서 기억이 안 나면 어떡하지?'라고 생각할 수 있는데, 한 번 정확히 보는 것보다 대강 여러 번 훑어보는 편이 기억에는 더 도움이 된다.

공부란 엄청나게 집중해서 하지 않으면 안 된다고들 믿지만 그건 사실이 아니다. 게다가 온 힘으로 집중할 수 있는 순간은 오래 지속되지도 않는다. 그래서 공부는 집중이 잘 될 때까지 기다리는 것이 아니라, 그저 교재를 가볍게 보는 시간이 많아야 한다. 그러다가 집중력이 발휘되는 순간이 온다면 좋은 것이고, 그렇지 않더라도 계속 공부하고 있으니 염려할 필요는 없다.

하루 8시간 내지 10시간을 공부한다면 그 중 최고로 집중이 되는 시간은 많아야 하루 두세 시간 정도다. 그럼 나머지 시간은 의미가 없는 시간일까? 그렇지 않다. 그저 가볍게 보고만 있어도 된다. 이해가 되든 안 되든 개의치 말자. 그럴 때에도 지식은 머리에 차곡차곡 쌓인다. 너무 걱정하지 않아도 된다. 지나치게 열심히 하면 뇌는 반발한다. 지루한 것을 견디지 못하기 때문이다. 그렇게 되면 '집중이 안 되니까 오늘 공부는 그만하고 쉴까'와 같은 생각에 빠진다. 열심히 하고 지치느니 가볍게 하더라도 덜 지치는 편이 낫다. 그러려면 되도록 짧은 시간 안에 책을 여러 번 본다는 생각을 해야 한다.

정말로 간절한 목표가 있는 시험일수록 최대한 신속히 끝내겠다는 마음가짐이 좋다. 중요한 시험이니까 완벽한 계획을 세워서 공부하겠다는 생각은 접어두어야 한다. 스스로도 믿지 않는 그런 계획을 왜 세운단 말인가. 계획을 세우는 일이 나쁘다는 게 아니다. 계획에 강박관념이나 그것을 지키지 못했을 때 죄의식을 느끼지 말라는 것이다. 계획을 세우는 것과 계획에 집착하는 것은 다른 문제다. 또한 제한 시간과 상관없이 공부할 수 있는 것은 자신이 배우고자 하는 분야를 취미로 배울 때다. 반복해서 말하지만 시험을 준비할 때에는 그런 태도는 경계하는 편이 좋다. 열심히 잠깐 보고 지쳐버리느니, 차라리 부담을 덜고 가볍게 여러 번 보는 편이 낫지 않을까. 공부의 힘은 '가볍게, 여러 번, 꾸준히'에서 나온다.

가볍게 보기는 공부가 잘 안 될 때에도 도움이 된다. 어쨌든 계속 공부는 하고 있기 때문이다. 시험이 눈앞에 닥쳤을 때 공부가 안된다면 책상 앞을 과감하게 벗어나는 것이 좋다. 하지만 세상에는 그게 안 되는 사람도 있기 마련이다. 시험 날짜가 점점 다가오기에 중압감을 이기기 쉽지 않기 때문이다. '어쨌든 계속 나아간다'고 생각하고 있으면 이런 불안함을 가라앉히는데도 도움이 된다. 시험공부를 제대로 못해서 불안하다면 잘 되든 아니든 하고라도 있어야 덜 불안하다. 아무것도 안하고 쉴 배짱이 없다면 그저 간단하게 훑고 지나가듯 책을 보자.

'정확히 설명할 순 없지만 교재에서 본 것 같다'는 생각이 들 때가 있다. 나중에 찾아보면 틀림없이 그런 내용이 실려 있는 경우가 있다. 헷갈리는 문제에 대한 정답은 보통 처음 고른 것인 경우가 많다. 그리고 이러한 직관은 우리가 반복해서 받아들인 지식이 무의식적으로 머리에 떠오르기 때문일 것이다. 이런 본능에 가까운 직관이 발휘되려면 당연히 여러 번 볼수록 유리하다. 실전력을 기르는데 이만큼 좋은 방법이 없다. 특히 몸이 피곤해서 공부하기 싫고 의욕도 안 생기는 경우, 또는 시험 직전이라 어쩔 수 없이 책을 봐야 하는 경우라면 마음 편히 보자. 결코 시간낭비가 아니다.

## 04

# 혼자 공부해야
# 속도가 빨라진다

### 강의식 수업은 교사도 힘들다 ──

좀 이상하지만 교사인 나는 강의식 수업은 못 듣는다. 지루하기 때문이다. 솔직히 말하자면 나는 다른 사람들이 하는 강의수업 시간에는 가만히 있질 못한다. 몰래 땡땡이도 치고, 딴 짓은 더 많이 한다. 내가 어쩔 수 없이 강의식 수업을 하는 경우에는 자는 학생들을 깨우는 법이 없다. 첫째, 학생들은 잘 시간이 부족하기 때문이고, 둘째, 나도 강의식 수업을 못 듣기 때문이다. 나도 못하는 것을 학생들에게 요구하는 것은 올바르지 않다. 간혹 강의식 수업이 아니면 수업 진행 자체가 어려운 단원이 있다. 이런 경우에도 어떻게든 활동 수업이 되게끔 하느라 고민하는 게 내 일이다. 그래도 그게 안 되면 그야말로 마음의 각오를 하고 수업하는 심정이다. 그리고 항상, 내가 수업을 열심히 할 경우, 대개 학생들은 일관성 있는 보답을 한다. 20분 이내 잠이 드는 것이다. 솔직히 나는 이 사실이 매우 놀랍다. 왜냐하면 간혹 20분이 넘게 내 수업을 듣는 학생들이 있기 때문이다. 나는 그 학생들이 도대체 어떻게 그럴 수 있는지 알 수가 없다. 세상에나, 나도 못하는 일을 학생들이 해주다니. 학생들은 여전히 교사에 비해 착한 편이다.

수업 철학이 교사 중심에서 학생 중심으로 이동하고 있다. 이 말은 수업 시간이 학생들이 무언가를 경험할 수 있는 시간이어야 한다는 뜻이다. 계속 말하지만 21세기 교사의 역할은 더 이상 가르치는 사람이 아니다. 배우게 하는 사람이다. 그럼 둘 사이에는 어떤 차이가 있을까? 가르치는 경우는 교사가 힘들다. 배우게 하는 경우는 학생이 힘들다. 주도권을 가질 때는 책임도 따른다. 수업의 주도권을 갖는 강의식 수업은 교사가 하루 종일 설명해야 한다. 나만 해도 같은 수업을 일주일에 9번씩 반복하고 있다. 반면 학생중심 수업은 적극적으로 에너지를 쓰는 사람이 교사에서 학생으로 바뀐다는 뜻이다. 교사가 학생 대신 배우는 활동을 대신해줄 수 없기 때문이다. 만약 교사가 수업하느라 진이 다 빠져버렸다면 그는 20세기 수업을 한 것이다.

그러나 그렇다고 교사들을 너무 탓하지 말아 달라. 당신이 동의하든 안 하든, 교사는 이미 충분히 바쁘니까. 잠깐 딴 이야기 하나 하자면 수업 시간에 늦는 교사들은 일부러 늦는 경우는 거의 없다. 그보다는 행정 업무(주로 교육청에서 마구 양산하는 공문 처리나 국회의원 요구 자료 준비) 때문인 경우가 많다.

우리는 도대체 언제까지 강의식 수업을 진행하고 들어야 할까. 가슴 아픈 현실이다. 강의식 수업의 특징은 단기간에 많은 학생들에게 지식을 전달하지만, 사실 학생 개개인에게 큰 도움은 안 된다. 학생 개인의 이해도와 상관없이 수업이 진행되는데다, 내용을 이해해도 머리에서 금방 사라지기 때문이다. 일부 교사들은 왜 너희들은 가르쳐도 기억을 못하냐고 흥분하지만, 글쎄, 사실 나쁜 것은 교사도 아니고 학생도 아닌 것 같다. 나쁜 것은 그저 강의식 수업 방식일 뿐이다.

## 혼자 공부하면 속도가 배가 된다 ──

강의식 수업은 일차적으로 학생의 이해를 목적으로 삼는다. 시험이 눈앞에 있는데 강의식 수업을 하는 것을 나는 좋아하지 않는다. 일단 시간을 너무 많이 잡아먹는다. 나는 야간 자율 학습은 끔찍하게 싫어하지만, 역설적으로 학교에서 가장 능동적으로 배우는 시간이 야간 자습 시간이라고 생각하기도 한다. 적어도 강의식 수업 시간에 비해서는 그렇다는 말이다. 양쪽의 차이점을 하나 꼽아보자면 자습은 가르치는 사람이 필요 없고, 수업은 가르치는 사람이 필요하다는 점일 것이다.

혼자 배우는 방법을 익혔다면 어디서나 빠르게 배울 수 있다는 장점이 있다. 처음 자전거를 배울 때를 떠올려 보라. 처음에는 누군가 뒤에서 균형을 잡아줘야만 한다. 하지만 익숙해지면 혼자 탈 수 있다. 제대로 배우지 못하면 매번 누군가 뒤에서 잡아줘야만 자전거를 탈 수 있을 것이다. 평생 이렇게 자전거를 탈 수는 없다. 반면 혼자 자전거를 탈 수 있다면, 그 나머지는 당사자의 의지에 달렸다. 그는 10km를 달릴 수도 있고, 100km를 달릴 수도 있다. 언제든 쉬었다가 다시 출발할 수 있으며, 필요하면 단번에 100km를 주파할 것이다. 이 모든 걸 자유자재로 할 수 있는 까닭은 그가 자전거를 혼자 탈 수 있기 때문이다.

공부도 마찬가지다. 혼자 공부할 수 있어야만 제대로 배울 수 있다. 특히 시험을 대비한 공부라면 더욱 그렇다. 효율성을 극대화해야 하는데 이해를 바탕으로 한 공부에만 의존할 수는 없다. 속도를 끌어올릴 수 없기 때문이다. 교사가 모든 것을 해주는 수업은 학생 입장에선 쉽지만, 얻는 것이 없다. 반면 혼자 어떻게든 해내려고 노력하며 방법을 터득한다면 당신은 평생 써먹을 수 있는 공부 기술을 갖춘 것이다.

한 가지 덧붙여 말해두자면 이미 성과를 본 사람들은 어떤 방법으로 그 성과를 얻었는지 꼭 찾아보는 편이 좋다. 차선은 본인 스스로 고생하며 터득하는 것이다. 둘 중 어느 것이 더 빠를지는 뻔하다. 꼭 이 책에서 설명하는 방법이 아니더라도 효과적인 방법을 찾으려는 습관을 갖추기 바란다.

# 05

# 7번 이상
# 반복한다

## 왜 7번인가 ―――

　야마구치 마유가 쓴 『7번 읽기 공부법』은 그야말로 화제가 된 책인데, 무엇보다 작가 자신이 이 공부법으로 도쿄대를 수석 졸업했기 때문일 것이다. 이 책은 내 기준으론 학습법 분야에서 3순위 안에 드는 책이다.

　교과서 한 번도 읽기 힘든데 7번이나 어떻게 읽느냐고 말할 사람들에게 계속 말하지만, 반복을 할수록 속도가 빨라진다. 빨라지는 이유는 아는 내용이 늘어나기 때문이다. 공부의 재미는 속도에 비례한다. '한 번도 힘든 것'이 아니라 '처음이 가장 힘든 것'이라고 해야 정확하다. 하지만 야마구치 씨와 나의 차이점은 요령을 부리느냐 아니냐로 생각하면 될 것 같다. 일단 반복해서 본다는 공통점은 있으되, 야마구치 씨는 발췌를 좋아하지 않는다. 우직하게 교과서(혹은 참고서와 같은 이론서)를 7번 보는 것이다. 그렇게 하면 다 외워진다고 한다.

하지만 나는 그렇게까지 공부할 생각은 없다. 공부를 즐기고 향상심을 즐기는 사람도 세상에는 많을 것이다. 그러나 현대인 중 학문을 하는 자세로 공부할 수 있는 사람이 과연 몇이나 될까. 작가 이지성의 표현대로 선비란 독서를 업(業)으로 삼는 사람이라지만, 현대인은 그럴 수 없기 때문이다. 낮에 일을 하고도 기운이 남아 밤에 공부하는 주경야독은 내 길은 아닌 것 같다. 그래서 항상 공부할 때는 아는 게 전혀 없는 분야라도 무조건 문제집부터 사는 것이다. 대신 선택한 문제집의 문제와 답을 다 외울 때까지 본다. 의식하지 않아도 완전히 외워질 무렵이면 대개 7번을 봤을 때이다. 다시 말해 7번을 봐야 외워진다기보다는 다 외워질 때까지 보다 보니 대개 7번이 걸렸다고 말하는 편이 정확하다.

당신이 교육 분야를 진로로 삼아 공부하게 된다면, 에빙하우스란 이름을 듣게 될 가능성이 높다. 헤르만 에빙하우스는 망각곡선 이론으로 유명한 사람이다. 에빙하우스의 망각곡선 이론에 따르면, 인간은 같은 내용을 효율적으로 반복하면 거의 영구적인 기억이 가능하다고 한다. 그런데 그가 제시하는 반복 횟수가 7번이다. 나는 에빙하우스의 주장이 사실임을 알고 있다. 내가 직접 경험했기 때문이다. 천

페이지가 넘는 문제집의 내용도 7번 이상 반복하니 완벽하게 외워졌다. 아마 2천 페이지였어도 마찬가지였을 것이다. 문제집만 7번을 반복해서 보는 사람도 효과를 볼 수 있다면, 야마구치 마유가 이론서를 7번 읽어 도쿄대를 수석 졸업한 사실은 극히 자연스러운 것인지도 모른다. 공부법과 기억술의 대가인 무쿠노키 오사미도 같은 말을 한 적이 있다. 반복을 할 때 7번은 완전하고, 5번은 그런대로 괜찮으며, 3번은 불안하다는 것이다.

참고로 내가 생각하는 가장 좋은 학습서는 무쿠노키 오사미가 쓴 학습서들이며, 그 외 앞서 소개한 야마구치 마유의 『7번 읽기 공부법』, 사토 야마토의 『정답부터 보는 꼼수 공부법』이다. 하지만 나는 무쿠노키 오사미가 쓴 책을 제외하면 나머지 두 권은 사지 않았다. 그 책들이 가치 없어서가 아니라, 이미 나 역시 비슷한 방법을 쓰고 있었기 때문이다. 다만 그 책들을 보면서 내가 쓰는 방법이 혼자만의 방법이 아니라, 남들도 사용하는 검증된 방법이라는 사실을 확인하고 기뻤던 것은 사실이다.

## 7번이라는 횟수에 집착하지 말자 ——

7번이 너무 많다고 생각될 학생들에겐 좋은 소식이 있다. 중고등학교 수준의 문제집은 7번이나 되풀이해서 볼 필요는 없다는 점이다.

보통 많아야 서너 번만 보아도 내용이 외워진다. 물론 사람에 따라서는 좀 어려울지도 모른다. 그러면 횟수를 좀 더 늘리면 된다. 이때 주의할 점은 한 문제를 7번 연속으로 보는 것이 아니라는 점이다. 처음부터 끝까지 전체를 보아야 한다. 잊어버릴 때쯤 다시 살펴보는 것이 반복학습의 중요한 점이다. 자꾸 말하지만 문제집을 보다가 이해가 잘 안 되는 내용은 일단 처음에는 '본다'의 개념으로 훑어보기만 해도 된다. 의식적으로 그렇게 노력해야 한다. 처음부터 '읽기'를 시도하면 진도가 나가지 않는다. 그럼 의욕이 떨어진다. 완전히 알지 못하면 불안한 마음이 들겠지만, 그 마음에 지면 아무것도 안 된다.

# 공부 날짜를
# 기록한다

## 기록은 거짓말을 하지 않는다 ──

친구와 과거의 이야기를 하다가 서로 말다툼을 하게 되는 경우가 있다. 나는 분명 A라고 기억하는데, 친구는 B라고 기억할 때 그런 문제가 나타난다. 그런데 나와 친구가 믿는 기억은 둘 다 진실이다. 이런 경우 문제가 자연스레 풀리는 경우는 몇 없다. 보통 이럴 때는 또 다른 친구가 끼어들어야 어느 쪽이 맞는지 결정된다. "야, 그거 저 친구 말이 맞아. 그때 이러저러했잖아"라고 말해줄 때 말이다. 분명 옳다고 믿었던 기억이 나를 배신하는 순간이다. 그렇다. 기억은 거짓말을 한다.

그런데 이런 기억의 거짓말을 멈추게 하는 방법으론 다른 방법도 있다. 제 3의 인물을 일일이 내세우지 않아도 되게 하는 그런 방법, 그게 무엇일까? 기록을 하는 것이다. 나는 책의 안쪽에 손바닥의 반 정도 크기의 포스트잇을 붙인다. 이걸 붙이는 이유는 책을 몇 번을 봤는지 기록하기 위해서다. 사실 꼭 붙이지 않고 책에 직접 기록해도 된다. 그래도 색깔이 있는 포스트잇에 적어두면 눈에 잘 띄게 되고, 그래서인지 더 열심히 적게 된다. 내가 적는 방법은 매우 간단하다. 다음과 같이 하면 된다.

1회독 : 2016.1.1.~2016.1.31.
2회독 : 2016.2.1.~2016.2.19.
3회독 : 2016.2.20.~2016.2.28. …

이런 식으로 기록을 하다 보면 횟수를 거듭할수록 책을 보는 기간이 줄어든다는 사실을 확실히 알 수 있다. 시간이 줄어든다는 건 속도가 빨라진다는 뜻이기도 하다. 일단 계속 보아 익숙한 내용이다 보니, 저절로 책을 보는 속도가 빨라진다. 같은 책을 단기간에 여러 번 봐야 하는 이유이기도 하다. 한참 지나 머리에서 이미 모든 기억이 사라졌을 때쯤 다시 본다면……. 그보다 힘들고 무의미한 공부도 없다. 두 번째는 중요하지 않은 부분을 건너뛰고 읽게 되기 때문이다. 일부러 애쓰지 않아도 저절로 그렇게 된다. 처음 보는 내용은 처음 보는 내용이기에 어려운 것이다. 하지만 반복해서 보다보면 저절로 중요한 게 보인다.

그래서 나는 처음부터 자기 주관으로 책에다가 밑줄을 긋는 일은 좋아하지 않는다. 서너 번쯤 보다 보면 중요한 내용이 보이기 시작하는데, 이때 보이는 내용이 '진짜'이기 때문이다. 이걸 확인해 보는 간단한 방법이 있다. 처음 읽을 때 교재에서 중요하다고 생각하는 부분에 연필로 밑줄을 그어보라. 그 다음 3회독 이상 했을 때에 중요하다고 생각하는 부분을 찾아보라. 중요하지 않은 곳엔 밑줄을 긋고, 정작 중요한 부분은 자주 빼먹었다는 걸 알 수 있다. 중요한 내용이 저절로 보이고 그것이 자연스레 외워질 때까지 반복해서 보는 것이 좋은 공부라고 생각한다.

## 기록이 사람의 마음을 움직인다 ——

항상 규칙적으로 무언가를 한다는 건 절대 쉽지 않다. 규칙을 만들고 체계를 잡는 일에 신중해야 하는 까닭이 바로 거기에 있다. 아무리 간단한 일이라도 계속 반복하는 일은 쉬운 것이 아니다. 예를 들어보자. 당신은 학교 갈 때마다 돌멩이를 하나씩 주워 교문 근처에 버리기로 결심했다. 100일간 그 일을 하기로 결심하는 것이다. 그러면 그런 일을 매일 해낼 수 있을까? 당신은 5일쯤 지나면 '내가 이 일을 왜 하는 거지?'와 같은 생각을 하고 있게 될 것이다. 하지 않아도 되는 합리적인 이유를 찾기 시작하는 것이다. '이걸 하는 게 바보 같잖아' 같은 생각이 들면서, '차라리 돌을 줍지 말고 빨리 교실에 가서 공부를 더 열심히 하자' 같은 생각이 들게 될 것이다. 하지만 이유를 대지 않고 자신과의 약속을 지킬 수 있다면 당신은 성공한다. 온갖 이유를 만들지 않고 처음 자신과의 약속을 지킬 수 있다면, 장담컨대 당신은 성공할 수밖에 없는 사람이다.

당신이 100일간 꼬박꼬박 돌을 옮길 가능성을 높이는 방법이 무엇일까? 기록을 하거나, 다른 친구들에게 자신이 하는 일을 크게 떠벌리고 다니는 것, 혹은 더 나아가 내기를 하는 법 등 여러 방법이 있을 수 있다. 그 중 가장 먼저 생각해 볼 수 있는 건 자신과의 약속을 기록으로 남기는 것이다. 돌을 옮긴 날마다 종이에 스티커를 붙여서 표시하는 것이다. 무슨 의미가 있느냐고? 스티커의 행진이 끊어지는 걸 원치 않아서라도 당신은 계속 돌을 옮기게 될 것이다. 100개의 스티커를 붙이는 날, 자신이 정말로 받고 싶은 선물을 미리 정해두면 더할 나위 없다. 사람은 보이지 않는 것보다 눈에 보이는 것을 좋아한다. 그리고 눈에 보이는 보상 또한 좋아한다. 그러니 둘 다 이용해 보는 것이다.

앞서 말했듯이 책을 읽을 때마다 기록을 한다면 얼마나 시간이 걸리는지 확인이 된다. 시간이 단축되면 자신감이 생긴다. 자신감은 재미로 이어진다. 할 수 있다는 자기효능감이 나타나기 때문이다. 그러면 이전 기록을 볼 때마다 '이번에는 반드시 기간을 하루라도 더 줄이고 싶다'라는 생각을 하게 된다. 그리고 대개 그것은 실제로 가능하다. 딱 한 번, 그러한 경험을 해보기만 한다면 말이다. 자전거를 처음 탈 때에는 넘어지고 균형을 잡는 게 어려워 다시 도전하는 것이 겁난 다. 하지만 균형을 재빠르게 잡는 법을 배우기만 하면 몇 년 간 안 타 더라도 다시 탈 땐 문제없이 탈 수 있다. 몸이 기억하는 것이다.

기록은 의식이다. 공부날짜를 기록하는 것은 내가 노력한 공부 시 간을 확인하기 위한 것이며, 더욱 분발하게 만드는 힘이 있다. 공부하 다 보면 지루하고 재미없음에 몸은 쉽게 지치고 머리는 피로함을 느 낀다. 그러나 한 번 익혀둔 공부법은 즐거움과 성취감 또한 기억시킨 다. 반복해서 무언가를 할 줄 알게 되면, 마치 처음부터 익숙했던 것 처럼 아무렇지 않게 그 일을 하게 된다. 그 점이야말로 사람이 가진 위대한 점이라고 생각한다. 그러니 당신도 기록해 보자. 공부를 지속 할 수 있는 힘을 얻기 위해서라도 말이다.

4장

# 역전(逆轉)을 위한
# 마음가짐

# '될 리가 없어'보다
# '해 볼만 하다'

## 안 되는 이유부터 따져보자 ——

보통 우리가 무언가를 못하는 이유는 여러 가지가 있다. 그 중 하나를 꼽자면 하지 않기 때문이다. 하지 않는 이유는 대개 하나인데 그것은 마음을 다치고 싶지 않기 때문이다. 시도해서 실패한다는 건 아무래도 즐거운 경험은 아니기 때문이다. 특히나 시험의 경우에는 눈에 보이는 형태의 결과, 다시 말해 점수가 나온다. 아무래도 잘하는 것이 재미있고, 못하는 건 하기 싫어지게 마련이다. 이 못하는 것을 하지 않으면 영원히 할 수 없게 되어 버린다. 못하니까 안하는 것이, 이번에는 안하니까 못하는 것이 되는 악순환이 반복된다. 이러한 문제를 해결하기 위해 해야 할 일은 하나 뿐이다. 가장 쉬운 방법을 찾아낸 다음 그대로 하는 것이다.

## 목표 달성을 못할까 봐 두렵다면 ──

동기 부여 전문가로 널리 알려진 브라이언 트레이시는 초인적인 수준의 노력을 해야만 성공한다고 주장하지 않는다. 또한 평범한 사람도 방법만 제대로 알고 꾸준히 실천하면 성공할 수 있다고 말한다. 하지만 많은 사람들은 한 번에 큰 결과가 나오기를 기다리며, 조급해하고 초조해하면서 정작 아무 노력도 하지 않는다. 눈에 띄는 결과를 얻어야만 한다고 생각하는 것은 아닌지 반성해 볼 필요가 있는 대목이다.

목표를 달성하는 좋은 방법은 목표를 구체적으로 종이에 적는 것이다. 이때 분명한 기한을 정해야 한다. 브라이언 트레이시에 따르면 목표를 기한 내 달성하지 못할 경우 새로운 기한을 정하면 될 뿐이라고 말한다. 이렇게 하면 일을 진행할 때 실패할까 걱정할 필요가 없다. 자신이 하고자 하는 일을 꾸준히 해나갈 수 있는 힘을 얻을 수 있기 때문이다. 그렇다면 기한을 아예 정하지 않으면 어떨까 싶기도 하지만, 그래서는 진도가 나가지 않을 것이다. 마감시한이란 언제나 사람을 움직이게 만드는 힘이 있다.

## 우공이산(愚公移山)이 괜한 말이 아니다 ──

마키아벨리는 "고대 로마인들은 때를 기다리지 않았다"고 말했다

한다. 일을 적당히 진행할 수 있을 때를 기다린 것이 아니라, 필요하면 당장 시작했다는 것이다. 날마다 작은 행동을 반복하는 것은 쉬워 보이지만, 실제 그 작은 일을 하느냐 하지 않느냐에 따라 일의 결과가 달라진다. 오늘 목표 달성을 위해 노력한 사람은 내일도 목표 달성을 위해 노력할 가능성이 있지만, 오늘 하지 않은 사람은 내일도 하지 않을 가능성이 있다. 오늘 걷지 않으면 내일 뛰어야 하는 것은 당연한 이치다. 물론 내일 뛰어서라도 목표 지점에 도달하겠다고 결심한다면 그건 그것대로 가치 있는 일이다. 전혀 아무것도 하지 않는 것보다는 나은 일이니까. 그러나 기왕이면 그렇게 힘들지 않게 노력하라고 말하고 싶다. 초인적인 노력을 하지 않아야 뇌의 경계심을 지울 수 있다. 그래서 하기 싫은 것, 힘든 것을 극복한다는 생각이 들지 않아야 한다. 예를 들면 하루 10개의 영어 단어를 외우는 편이 하루 50개의 단어를 외우는 것보다 저항감이 적은 것과 같다. 다만 하루 10개의 단어도 외우지 않으면서 일주일에 100개를 외우겠다고 결심하면 실패할 가능성이 높다. 바로 이런 과정을 거쳐 '노력은 안하고 결과만 바라는' 상황이 만들어진다.

## 지금 당장 못해도 문제는 아니다 ——

데일 카네기의 『자기 관리론』에는 이런 부분이 실려 있다.

제2차 세계 대전 동안, 미국의 군 지휘관들은 걱정할 겨를도 없이 내일을 위한 전략을 짰다. "나는 최정예 부대에 우리가 가진 최고의 장비들을 보급했고 그들에게 가장 현명하다고 판단되는 임무를 부여했다. 내가 할 수 있는 일은 그게 전부다" 미 해군을 지휘했던 어네스트 J. 킹 제독의 말이다. 계속해서는 그는 이렇게 말했다.

"만약 군함 한 척이 가라앉아 버렸다면, 내가 그것을 건져 올릴 수 없다. 군함이 지금 막 가라앉으려 한다고 해도 나는 막을 수 없다. 나는 어제의 일로 괴로워하기보다는 내일의 문제에 시간을 할애하는 것이 훨씬 낫다고 생각한다. 더구나 지난 일들이 나를 괴롭힌다면 나는 견딜 수 없을 것이다"

우리에게 닥친 상황이 정말 여의치 않을 수도 있다. 그럴 때는 할 수 있는 만큼만 하면 된다. 어네스트 J. 킹 제독이 그랬던 것처럼 말이다. 스트레스 받아야 할 일이 아니다. 뛰어난 군사 전략가이기도 했던 알렉산드로스 대왕은 "전쟁은 격동이다. 따라서 언제나 격동적이어야 한다"고 말했다 한다. 공부의 과정을 전쟁에 비유하자면, 격동은 몰입에 해당한다. 그런데 휘하의 병사들을 마음대로 부릴 수도 없고, 따라서 전략을 마음대로 쓸 수 없는 장군에게 그 전쟁 상황이 마음에 들까? 그럴 리가 없다. 알렉산드로스는 왕이었고, 그래서 자신의 군대를 마음대로 움직일 수 있었다. 당신은 어떤가? 만약 고등학교에서 원하는 수업을 선택해서 듣고, 나머지 시간을 자습하는 형태로 학교가 바뀐다면? 대학처럼 학점을 주고 수업을 선택하게 한다면? 다시 말해 공부에 대한 완전한 자율권이 주어진다면? 아마 지금보다 수업 참여도는 비할 데 없이 높아질 것이다. 그러나 그럴 수 없는 것이 현실이며 야간 자습 시간은 하루 3시간이다. 이런 상황에서 당신이 최선을 다하지 못한다고 해서 비난할 수 있는 사람은 없다. 진실을 말하자면 학교 수업 시간에 졸지 않으려고 애쓰는 것만으로도 학생들은 충분히 훌륭하다. 적어도 노력의 측면에선 그렇다는 말이다.

## 결국 누구나 할 수 있다 ──

그런데 앞서도 말했지만, 나는 공부 밀도는 고등학교에 다닐 때보다 졸업하고 난 후가 훨씬 높았다. 그럴 수 있었던 까닭은 내가 필요성을 느낀 공부를 했기 때문이다. 먹고 살기 위해 하는 공부였으므로 당연히 그랬다. 더구나 도서관은 애초 공부를 하려는 사람들이 모인다. 공부를 열심히 하는 사람들은 오는 시간도 일정하고 자리도 일정하다. 서로 인사하지 않아도 무슨 공부를 하는지도 알게 된다. 한편으론 먼저 와서 늦게 가야한다는 묘한 경쟁 심리까지 생긴다. 나와 똑같은 시험을 준비하는 게 아닌데도 그렇다. 필요성을 느끼면 당신도 그렇게 공부하게 될 것이다. 물론 오해는 하지 말기 바란다. 시험을 그냥 포기하라거나 학교를 졸업해야만 시험공부를 성공적으로 할 수 있다고 말하고 싶은 것은 아니다. 필요성을 느끼면 행동하는 것이 사

람이니, 지금 위치에서 할 수 있는 만큼 노력하면 된다는 말을 하고
싶은 것이다(물론 자신이 공부하는 이유를 찾을 수 있다면 그게 최상이다).

내가 이 책에서 제시하는 방법은 머리의 좋고 나쁨과는 크게 관련
이 없다. 머리가 나빠서 시간당 학습량이 부족하다면 한두 번만 더 반
복하면 된다. 오직 천재적인 재능을 가진 사람만이 사용할 수 있는 방
법이라면, 그런 것은 보통의 사람에게는 쓸모가 없다. 내가 말하고 싶
은 건 날마다 조금씩이라도 반복한다면 분명한 성과가 나올 거라는
사실이다. 어설프게 아는 것을 반복으로 확실히 알 수 있게 노력하는
일이 중요하다. 새로운 것을 익히려고 애쓰는 것보다도 말이다. 아울
러 마감시한을 정하되, 마감시한동안 목표를 달성 못했다고 좌절할
필요도 없다. 브라이언 트레이시의 말대로 같은 목표를, 새로운 마감
시한을 정해서 될 때까지 하면 되기 때문이다.

## 완벽한 내일보다
## 불완전한 오늘

### 쉽게 바뀌지 않는 게 사람이다 ——

혹시 완벽한 무언가를 추구하고 있는가? 보다 완전한 성적, 보다 완전한 외모, 보다 완전한 교우 관계, 보다 완벽한 도덕성 등등 말이다. 하지만 이런 것들을 정말로 원하는 걸까, 아니면 원해야 한다고 생각하는 걸까? 자신이 원하는 일이라면 자연스럽게 하면 된다. 아니, 이미 시작했을 것이다. 하지만 그렇지 않기에 주저하고, 계산하며, 그것이 얼마나 힘든 일인지 주변에 설명하느라 당신의 시간을 다 쓴다. 그런 일이 인생에 얼마나 도움이 되겠는가?

무언가를 절실히 원하는 것과 그렇지 않은 것의 차이에 대해 잠깐 살펴보자. 1849년 12월, 러시아 셰메노프 사형장에 28살의 사형수가

126

서 있었다. 죄목은 반체제, 당시 사회주의적 사상을 가진 페트라셰브스키가 주도한 독서모임에서 활동하다 체포되어 죽음의 위기에 처한 것이다. 형이 집행되는 날은 영하 50도의 겨울이었다. 젊은 사형수와 또 다른 두 명의 사형수는 눈이 가려진 채 사형대에 묶였다. 사형이 집행되기 직전, 그들에게는 마지막 5분이 주어졌다. 세상과 이별하기 직전의 5분이었다. 젊은 사형수는 다른 두 동지들과 작별 인사를 나누었다. 그러는 동안 2분이 흘렀다. 그리고 이번엔 자신의 방탕했던 삶을 되돌아보는데 시간을 썼다. 다시 2분이 흘렀다. 마지막 남은 1분, 그 1분 동안 그는 생각했다. 세상을 다시 한 번 보고 싶다고. 이윽고 5분이 모두 지나갔다. 심장은 미칠 듯이, 그의 인생에서 가장 격렬하게 뛰었다. 남자는 죽음을 떠올리며 눈을 감았다. 총을 장전하는 소리가 들렸고, 그는 모든 것을 내려놓았다. 그때 멀리서 한 병사가 흰 수건을 흔들며 달려오며 외쳤다. "형 집행을 중지하라"

특사령에 의해 사형 직전 풀려난 남자는 4년간 시베리아에 유형을 가는 것으로 감형됐다. 죽음의 늪에서 돌아온 그날 밤 남자는 자신의 동생에게 편지를 쓴다. "지난 일을 돌이켜 보고 실수와 게으름으로 허송세월했던 날들을 생각하니 심장이 피를 흘리는 듯하다. 인생은 신의 선물……. 모든 순간은 영원의 행복일 수도 있었던 것을 조금 젊었을 때 알았다면……. 이제 내 인생은 바뀔 것이다. 다시 태어난다는 말이다."

그리고 남자는 자신과의 약속을 지켰다. 유배생활을 마치고 나서 남자는 오직 글쓰기에만 매달린다. 그 결과 세상을 떠날 때까지 『죄와 벌』, 『카라마조프의 형제들』, 『영원한 만남』 등 수많은 불후의 명작을 남겼다. 그렇다. 이것은 도스토예프스키의 이야기다. 실제 그의 인생에 가장 극적 상황이었을 이 이야기의 뒤에는 당시 황제였던 니콜라이 1세의 장난과 계략이 숨어 있었지만, 그건 중요한 게 아니다. 이제 초점을 당신에게 돌려 보자. 당신에겐 그런 극적 체험을 할 기회가 과연 올까? 아마 거의 가능성이 없는 이야기일지도 모른다. 그런 기회 없이 당신이 하루아침에 완전하게 바뀌기란 매우 어려울 것이다.

사실 도스토예프스키조차 사형 체험을 겪고도 완벽한 사람이 되진 못했다. 그는 항상 도박 빚에 시달렸고, 작품을 써서 받은 원고료는 더 많은 도박 빚과 맞바꾸는 생활을 했기 때문이다. 사람이란 때로 이렇게 죽음 가까이 갔다가 돌아와도 쉽게 바뀌지 않는 모양이다. 자, 그럼 이제 내가 하고 싶은 이야기를 하겠다. 내가 하고자 하는 말은 당신도 도스토예프스키처럼 열심히 살아야 한다는 교훈적인 이야기가 아니다. 쉽게 바뀌지 않는 것이 사람이니, 당신이 게으름을 부리거나 주저한다고 해서 스스로를 너무 비난하진 않았으면 좋겠다는 말이다.

## 불완전함을 인정해야 앞으로 나아간다 ——

현재의 상황이 마음에 들지 않는다면 가장 먼저 해야 할 일은 무엇일까? 맞춰 보라. 과연 무엇이겠는가? 만약 나라면 종이와 펜부터 준비하겠다. 그 다음 무엇이 마음에 안 드는지, 무엇을 바꾸고 싶은지 적겠다. 많은 사람들은 의외로 자신에 대해 잘 모른다. 깊이 생각하지 않기 때문이다. 자기가 무엇 때문에 불만스러운지, 그래서 생겨난 분노가 1부터 10까지의 단계 중 몇 단계쯤인지 스스로도 모른다. 하지만 눈에 보이는 명확성은 자신을 끊임없이 앞으로 나아가게 한다. 학생이라면 항상 부족하지 않은 것이 종이와 펜이다. 그러니 당신도 꼭 해보자.

막상 생각보다 쉽지 않다는 것을 알게 될 것이다. 앞서 말했듯이 자신이 뭘 원하는지 모르기 때문이다. 참고로 자신이 어떤 사람인가는 다양한 경험을 해보면서 파악해야 하는데 우리나라 학생들은 그럴 시간도, 기회도 없기 때문이다. 그래도 현재의 무엇이 부족하고, 그것을 어떻게 바꿔야 하는지를 적어보라. 이것은 말도 안 되는 계획을 세우느라 당신의 시간을 허비하는 것을 막아준다. 물론 아무 생각 없이 공부하다 지쳐 포기하는 경우 역시 막아준다. 그리고 이런 일은 자신이 부족하다는 사실을 이해할 때만 할 수 있는 행동이다. 많은 사람들은 계획을 세우기를 귀찮아한다. 그것이 쓸모없다는 생각을 하기 때문이다. 그리고 실제로 그것은 쓸모없다. 하지도 못할 계획을 도대체 왜 세운단 말인가. 스스로에 대한 정확한 상황 판단이 없다면, 계획은 강박관념의 결과물일 뿐이다.

## 완벽한 노력과 때는 필요 없다 ——

나는 전에 어떤 강사로부터 "자신은 100점이 아니면 점수가 아니라고 생각한다"는 말을 들었다. 왜 그런 말을 하는지는 알겠지만, 100점에 큰 의미를 부여하지 않는 나로서는 의미가 없는 말이다. 세상에 해야 하거나 하고 싶은 일이 얼마나 많은데 100점이 나올 때까지 하나만 하고 있으란 말인가. 게다가 완벽주의자들은 완벽한 결과를 위해서는 노력 외에 운도 따라주어야 한다는 사실을 무시한다. 당신이 매주 복권을 사서 설령 1등에 당첨된다 해도, 기르는 개가 그것을 먹어버린다면 어쩔 것인가. 결국 행운이란 성공에 중요한 요소다.

또한 완벽주의자들은 그야말로 완벽해질 때까지(내가 보기엔 지칠 때까지) 노력하며 더 좋은 '때'를 기다린다. 바보 같은 생각이다. 보다 완벽해지기 위해 당신이 '대충 잘함'의 수준보다 몇 배의 노력을 기울여야 할지 생각해 보았는가? 시험공부도 마찬가지다. 혹시라도 당신이 100점에 초점을 맞추는 순간, 스스로를 혹사한다는 말이 어떤 의미인지 반드시 깨닫게 되리라 믿는다. 완벽한 노력은 때로 위험하다. 나 또한 그런 식의 공부를 해보았고, 무참히 깨졌다.

다시 말하지만 더 좋은 때를 기다리는 것은 바람직하지 않다. 더 좋은 때를 기다리는 학생들의 모습을 예를 들어 보겠다. 첫째, 지금 보는 문제집보다 새로운 문제집에 마음이 설레는 경우다. 서점에 꽂혀 있는 저 문제집을 사서 풀면 왠지 공부가 더 잘 될 것 같다. 하지만 그건 지금보다 새로운 문제집이 갖춰진 더 나은 때를 원하는 것일 뿐이다. 둘째, 친구와 함께 도서관에 가지 않으면 절대 공부할 수 없다고 믿는 상황이다. 친구가 있든 없든 공부는 할 수 있다. 아예 공부하러 나가지 않을 것 같아서 약속을 잡는 것이라면 모를까, 친구 없이 공부하러 절대 집 밖을 나설 수 없다는 것은 아니다. 이런 식으로 스스로를 속이지 말자. 당연한 말이지만 '나중'보다 더 좋은 말은 '지금 당장'이다. 여기에는 꼭 무언가를 의무적으로 해야 하는 상황뿐만 아니라, 자신이 하고자 하는 것을 미루는 상황 또한 포함된다.

공부는 지금 당장, 당신이 원한다면 할 수 있다. 때를 기다리며 상황이 더 좋아지기를 기다릴 필요가 없다. 완벽해지는 언젠가가 올 거라는 생각은 단념하자. 더 좋은 조건이 갖춰질 때까지 공부를 미루는 것은 어리석다. 더 좋은 조건을 만들 수 있는 확실한 방법을 마련하지 않는다면 그렇다는 말이다. 그보다는 차라리 작은 성공 경험을 여러 번 쌓아서 그 성공이 지속적인 동기부여가 되도록 하는 편이 낫다.

내가 있는 학교 관사는 매우 좁은 편이다. 침대와 옷장을 제외하면 여유 공간은 거의 없다. 처음 배정받은 그 공간에 책상을 둘 수 없다는 건 참으로 약 오르는 일이었다. 전에 쓰던 관사는 책상을 놔둘 공간이 있었기에 더 그렇게 느꼈는지도 모른다. 공부하고 글을 쓰는 일이 내 삶의 전부인데, 그 일을 할 수가 없다니. 하지만 어쩌랴, 내가 관사의 크기를 늘리는 재주가 없는 바에야 다른 방법을 찾는 편이 나았다.

관사에서 공부를 할 수 없다는 걸 깨달은 후에는 다른 장소들을 찾아보기 시작했다. 가장 좋은 곳은 근처 도서관이었다. 나는 책은 거의 사서 보기 때문에 도서관에서 대출은 잘 안한다. 그래도 넓은 책상에서 공부할 수 있다는 건 좋은 일이다. 실제로 시간이 날 때마다 여기서 책도 보고 글도 쓴다. 만약 내가 공부할 수 있는 여건에 대해 불평만 늘어놓았더라면 아마 일주일에 단 한 페이지도 쓰지 못했을 것이다.

100% 만족스러운 상황은 없다. 거기에 적응하고 싶지 않으면, 계속 새로운 방법을 찾아라. 더 나은 것을 찾아야 한다. 정말로 찾을 수 없다면 만들겠다고 결심하라. 분명히 그럴 수 있는 가능성이 있다. 반드시 그 가능성을 찾아낼 수 있다고 믿어라. 노력하고 상황을 주도하는 것은 때를 기다리는 것보다 항상 낫다. 불평은 누구나 할 수 있다. 그리고 그러한 불평은 대개 타당하다. 그러나 그 타당한 불평은 당신을 구원할 수 없다. 당신을 구원하는 건 불평이 아니라, 방법을 찾으

려는 노력이고 행동이다.

그리고 그러한 노력은 '완벽'을 위해서가 아니라, '더 나아지기 위해서'일 때 도움이 되리라 믿는다.

# 실패는 당연하다,
# 사람이니까

## 수없이 실패하는 인생을 찬양할지어다 ——

당신이 하는 일이 성공하려면(꼭 공부가 아니어도 마찬가지다) 몇 가지 조건을 갖춰야한다. 첫째, 운이다. 운이 좋으면 뭘 해도 성공한다. 실제 많은 사람들은 운이 좋아 성공했다. 많은 사람들이 노력만 하면 만사 어떻게든 풀릴 거라 생각한다. 하지만 사실은 그렇지 않다. 똑같은 거리에 똑같은 음식점을 낸다 해도 잘되는 집만 잘되고 나머지는 안 된다. 우리나라는 특성상 고깃집 옆에 커피숍이 들어서지 않는다. 고깃집 옆에는 고깃집이 들어선다. 커피숍 옆에는 커피숍만 들어설 뿐이다. 그런데 보면 대체로 잘되는 집은 하나 밖에 없다.

내가 아는 분은 80년대에 이미 태블릿을 만들어서 의사들을 상대로 영업을 시도했지만, 결국 실패하고 말았다. 80년대의 태블릿을 제작하고 판매할 수 있었다면 엄청난 기술력이라고 보아야 한다. 그런데 왜 실패했을까? 태블릿이 보편화될 시기가 아니었기 때문이다. 만약 기술의 발전이 충분히 무르익은 시기를 만났더라면 결과는 달랐을지 모른다. 요즘에야 태블릿 한 대쯤 가지고 다니는 사람이 많아졌지만, 그 옛날에 태블릿이 뭔지도 모르는 의사들을 상대로 그걸 팔려고 했으니 어땠겠는가. 설령 아무리 쓸모 있어도 판매가 안 되는 것이 당연하다. 내가 모든 것을 준비해도 운이 부족하면 일이 이렇게 되고야 만다. 이처럼 운이라는 것은 결코 무시할 수 없다.

그런데 운이라는 건 불확실하다. 도대체 행운이 언제 나에게 올지 도무지 알 수가 없다. 또한 온다고 해도, 내가 그것을 맞이할 준비가 안 되어 있으면 아무 의미가 없다. 그럼 무엇을 해야 할지는 분명해진다. 운이 올 때까지 내가 잘할 수 있는 것을 찾는 것이다. 그러자면 그야말로 닥치는 대로, 내가 잘할 수 있는 것, 최소한 흥미를 느끼는 것을 찾아내야 한다. 그 과정에서 실패를 자꾸 하게 되는 것은 당연하다. 잘 모르고 낯선 일들이 눈앞에 나타날 테니까. 새로운 것을 시도하고 배운다는 것, 그건 그 자체로 대단한 용기다. 예를 들어 내향적인데다 노래를 못하는 사람은 처음 만난 사람과 노래방에 가는 일은 상상도 할 수 없다. 그럼에도 불구하고 상대방과 친해지고 싶은 마음에 노래방에 갔다면, 그건 엄청난 용기를 발휘한 것이다. 반면 활동적이고 실내에 있는 것을 좋아하지 않는 사람이 하루 10시간을 앉아서 공부했다면, 그것 역시 용기다. 왜냐하면 '나는 그런 것 못해'라든가 '그런 일을 내가 왜 해'라고 생각하지 않고, 삶의 방식을 바꾸려 노력한 것이기 때문이다. 익숙한 것 대신 새로운 것을 시도하는 것, 그것이 성장의 힘이 된다.

## 좋은 실패는 가치로 연결된다 ——

많은 사람들은 자기 삶의 방식에 갖가지 정당성을 붙이는데, 우린 이걸 합리화라 부른다. 누구나 합리화를 시도한다. 하지만 일이 실패로 끝날 때마다 남 탓으로만 돌리면 성장이 없다. 긍정적으로 살아야 한다거나, 남을 이해하며 살라는 말이 아니다. 실패했을 때 '무엇을 어떻게 바꿔야 성공할까'에 집중해야 한다는 뜻이다. 차라리 철저하게, 이기적일 정도로 자신을 기준으로 삼아도 좋다. 그런 사람은 실패도 가치 있다. 그러나 실패에서 배운 것이 없다면, 실패는 그저 실패일 뿐이다. 『미라이 공업 이야기』를 쓴 야마다 아키오는 "다른 종류의 실패라면 100번을 해도 상관없다"고 말했다. 그는 생전에 미라이 공업의 최고경영자였다. 경영자가 실패에 너그러운 모습을 보이는 건 상상하기 어렵다. 회사는 이익을 만들어야 하는 집단이다. 그러니 이익에 도움이 안 될 것 같으면-또는 확신할 수 없으면-싹부터 잘라버린다.

하지만 그는 실패를 인정하고 새로운 실패를 자꾸 요구했다. 그 덕분에 직원들은 자신의 경험을 무한대로 쌓았고, 자신감을 가질 수 있었다. 그래서 제품 개발이 실패로 끝나도 체념하지 않고 기어코 더 좋은 제품을 만들어냈다. 그 결과 미라이 공업의 아이디어 제품은 1만 8000여 종에 달한다. 또한 특허나 실용신안의 숫자는 3000개에 달한다. 이는 동종 업계 최고 수준이다. 야마다 아키오는 생전에 "항상 생각해야 한다"고 말했는데 이는 실패로부터 무언가를 배울 수 있도록 노력해야 한다는 말과도 연결된다.

이처럼 좋은 실패란 새로운 가치를 끌어내는 근본이다. 다시 말해 가치로 연결될 수 있다면 어떠한 실패도 좋은 실패다.


## 학교 공부는 분명한 방법이 있다 ——

내가 이전에 썼던 『10대를 위한 자존감 수업』의 내용 중 하나는 학생들의 다양한 경험만이 살 길이라는 것이다. 이 생각에는 지금도 변함이 없다. 다만 학생 신분인 지금 당장이든, 아니면 졸업하고 어른이 되어서든 시험은 피할 길이 없다. 그럼 답은 두 가지다. 시험을 무시하거나, 아니면 시험을 잘 보거나. 내가 생각하는 '시험을 잘 본다'의 기준은 전교 1등이 아니다. 자기가 배우고 싶을 것을 배울 정도의 자격을 얻는 것, 그러기 위해 지금보다 성적을 꾸준히 올리는 것을 의미한다. 그 이상의 성적을 위해 공부할 필요까진 없다고 생각한다.

새로운 것을 시도하는 일에 비하면, 공부는 쉬운 편이다. 당장 나가서 새로운 경험을 쌓아보라는 말은 막막하게 들릴 수 있다. 당연하다. 한 번도 해보지 않은 일이니까. 하지만 처음부터 잘하는 일이 어디 있겠는가. 그건 이 책을 읽는 여러분뿐만 아니라, 나 역시 포함되는 말이다. 중요한 점은 '잘한다'가 아니라 '경험한다'에 있다. 그렇게 마음먹어야 무엇이든 시작할 수 있다. 누구나 알고 있듯이 반복된 경험은 어떤 일을 능숙하게 만드는 기초가 된다. 목표를 쓸데없이 높게 설정하는 것보다 더 좋은 일은, 자신이 생각하는 가치 있는 일을 일단 시도하는 것이다. 언젠가 천만 원을 기부하는 목표보다 좋은 것이 있다. 지금 당장 한 달에 한 번씩 봉사활동을 나가는 일이다.

문제는 이런 일을 할 자신이 없는 대다수 학생들이다. 다양한 경험이 살아가는데 꼭 필요한 것이라고 아무리 강조해도, 학생들은 쉽게 변하지 않는다. 아마 불확실성에 대한 두려움 때문일 것이다. 그에 비해 성적은 숫자가 눈에 명확히 보인다. 당장 눈앞의 숫자가 낮더라도 다음번엔 이 숫자를 바꿀 수도 있지 않을까 기대할 수 있다. 세상 살이의 다른 것들에 비하면, 공부는 그래도 길이 분명히 제시되는 편이다. 그 정도 수준의 공부를 하는데 거창한 공부법이 필요할까? 그렇지는 않을 것이다. 요컨대 그 정도 수준의 목표로 공부를 하는 거라면 억지로 긍정성을 발휘하지 않더라도 충분히 긍정적으로 해낼 수 있다는 말이다. 또한 높은 점수만 필요로 하는 것을 부끄러워할 필요도 없다고 생각한다. 그것이 딱히 남에게 피해를 주는 것도 아닌데 왜 그리 생각해야 한단 말인가. 그저 하나의 선택일 뿐이다. 올바른 방향만 찾아 계속 노력한다면 반드시 보상받을 수 있다. 그런 점에서 공부는 힘들기는 하지만 답이 없는 것은 아니다.

# 목표가 아니라
# 시스템에 집중한다

## 목표는 사람을 지치게 만든다 ──

『열정은 쓰레기다』라는 재미있는 제목의 책이 있다. 스콧 애덤스라는 사람이 쓴 책인데, 이 사람은 '딜버트'란 시리즈 만화로 인기를 끌었다. 애덤스는 이 책에서 자신이 어떻게 성공했는가에 대해 썼다. 그런데 여타 자기계발서와는 다른 주장을 펼친 점이 눈에 띈다. 하나의 목표를 정하고 거기에 맞춰 일을 진행하는 것은 사람을 지치게 하며, 목표가 달성되기까지의 기간 동안 '실패'를 강제 경험하게 만든다는 것이다. 그러면서 목표와 시스템을 구분해야 하며, 자신이 이제까지 살펴본 사람들은 모두 시스템을 추구했던 사람들이라는 말도 덧붙였다.

(전략) 나는 직장 생활을 하는 내내 목표를 좇는 것이 아니라 시스템을 적용하는 사람들을 찾아 안테나를 세웠고, 관찰 결과 시스템을 사용하는 사람들이 더 좋은 결과를 얻는다는 결론을 내렸다. 시스템을 사용하는 사람들은 익숙한 것을 보다 새롭고 유용한 관점으로 볼 줄 안다. 그에 비해 목표는 패배자들을 위한 것이다. 100%라고 할 수는 없어도 대부분은 그렇다. 예를 들어보자. 몸무게를 5kg 줄이는 것이 목표라면, 당신은 목표를 달성할 때까지 매 순간을 낭비해야 한다. 금방이라도 이룰 수 있는 목표라고 생각하면서 말이다. 다시 말해서 목표를 우선시하는 사람들은 일시적이라고 생각하지만 실제로는 지속적인 실패 상태에 있다. 그리고 이러한 느낌이 그들을 갉아먹고, 그동안 목표는 멀리 도망쳐버린다.

심지어는 목표가 당신을 게임에서 끌어내기도 한다. 목표를 달성했다면 이는 분명 즐겁고 축하받을 일이다. 하지만 기쁨을 느끼는 것은 목적과 방향을 제시했던 그 무엇을 잃어버렸다는 것을 깨닫기 전까지 만이다. 성공이 따분하고 지루해질 때까지, 또는 새로운 목표를 설정하고 성공 이전의 실패 상태로 다시 진입할 때까지 당신은 무엇을 선택해야 할지 몰라 공허한 기분이 들 것이다.

시스템이든 목표든 결국 똑같은 의미라고 생각할 수도 있고, 목표가 없는 시스템은 없다고 생각할지도 모른다. 어느 정도로는 옳은 말이다. 또는 목표를 추구하는 사람들이 그것을 달성하기 위해 시스템을 활용한다고 생각할 수도 있다. 사실 시스템 대신 목표라는 말을 사용해도 상관없다. 중요한 것은 목표로 불리는 것과 내가 말하는 시스템이 완전히 다른 개념임을 이해하는 것이다.

'목표'는 미래의 어느 시점에 달성할 수도, 달성하지 못할 수도 있는 구체적인 문제이다. '시스템'은 장기적으로 행복해질 수 있는 가능성을 높이기 위해 정기적으로 하는 행위다. 미래의 어느 날 달성되기를 바라며 기다리는 것은 목표다. 매일 어떤 일을 한다면 이는 시스템이다.

시스템 모델과 목표 모델은 어느 분야든 적용될 수 있다. 다이어트에서 '10kg 감량하기'는 목표지만 '올바르게 먹기'는 시스템이다. 운동에서 '4시간 안에 마라톤 완주하기'는 목표지만 '매일 운동하기'는 시스템이다. 사업에서 '100만 달러 벌기'는 목표지만 '계속해서 창업하기'는 시스템이다. (중략)

목표는 '달성하면 끝나는' 것이고, 시스템은 차근차근 해나가면 더 좋은 위치에 도달할 수 있다는 합리적인 예상 아래 정기적으로 하는 일이다. 시스템에는 데드라인이 없다.

스콧 애덤스, 『열정은 쓰레기다』

## 목표보다 시스템이 중요하다 ___

이 책의 내용을 소개한 까닭은 내가 하고 싶은 말이 다 들어 있기 때문이다. 스콧이 말한 것은 당연히 공부에도 이용할 수 있다. 당신은 시험 때마다 목표 점수를 잡을 것이다. 그 점수가 얼마든지 말이다. 혹은 등수를 정할 수도 있다. 이번 시험에서 몇 등을 하겠다는 목표. 학교 시험은 단기간에 여러 번 치러지므로 이런 목표설정을 무조건 반대하지는 않겠다. 하지만 당신이 공부법을 제대로 배워두고(꼭 내가 제시하는 방법이 아니더라도), 실제 그것을 주기적으로 행한다면 그건 시스템이 된다. 앞서 말했듯이 날마다 영어 단어 10개 외우기는 왠지 시시해 보인다. 하지만 그 시시해 보이는 일을 시작하는 사람은 생각보다 찾기 어렵다. 사람들은 '오늘 단어 50개를 외워야지' 같은 단기 목표에는 집중하지만, 결국 그뿐이다. 오늘 50개를 외우고, 내일도 50개를 외우고, 모레도 50개를 외우는 학생은 찾기 어렵다. 지속할 수 없는 것은 그게 무엇이든 전혀 쓸모가 없다.

만약 당신이 자격증을 취득해본 적이 있다면, 내 말이 무슨 뜻인지 더 빨리 이해할 수 있다. 예를 들어 당신이 워드 프로세서 자격증을 취득했다고 해보자. 당신은 그 자격증을 따기 위해 최소 한 달 이상은 공부했을 가능성이 높다. 자격증을 따기 전에 당신은 그 자격을 갖기 위해 필요한 지식이 없는 상태였다. 하지만 자격증을 따겠다는 목표를 세웠고, 그 목표를 달성하기 위해 노력했다. 그 결과 자격증을 얻는 성공을 경험했다. 당연히 기분도 좋고 자신감도 넘칠 것이다. 어쨌든 무언가를 해낸 거니까. 하지만 한 달이 지나고, 두 달이 지나간다. 시간은 계속 흐른다. 그렇게 석 달쯤 지나게 되면, 당신은 자신이 자격증을 땄다는 사실조차 잊어버린다. 당신에게 그 자격증을 필요해질 때까지는. 그뿐만이 아니다. 당신은 자신이 배운 자격증과 관련된 거의 대부분의 지식을 잊어버리게 될 것이다. 이것이 무엇을 뜻하는 걸까? 스콧 애덤스의 표현을 빌리자면 '성공 이전의 실패 상태'로 돌아가는 것이다.

당신이 몇 번의 시험에서 점수가 높을 수는 있다. 심지어 그 날 시험에서 찍은 것이 모조리 맞을 수도 있다. 하지만 매번 찍기가 잘 통하길 바라면서 시험장에 들어간다면, 당신은 시스템을 갖추지 못한 것이다. 그리고 추가적으로 알아두어야 할 것이 있다. 앞서의 책 내용을 계속 살펴보자.

올림픽에 나간 운동선수들을 생각해보자. 한 선수가 한 개 또는 그 이상의 금메달을 따내면 이는 헤드라인감이다. 하지만 단상에 올라가겠다는 목표를 지녔지만 실패한 수천 명의 선수들도 있다. 그들에게는 목표만 있었을 뿐, 시스템은 없었다. 나는 코치의 지도를 받아 매일 연습하는 것이 그들을 위한 시스템이라고 생각하지 않는다. 올림픽에 출전하는 선수라면 그 정도는 기본으로 해야 하기 때문이다. 최소한 시스템이라고 부를 수 있으려면 해당 시스템을 사용했을 때 잘되는 경우가 그렇지 못한 경우보다 많을 것임을 합리적으로 예상할 수 있어야 한다. 복권 구입은 시스템이 아니다. 아무리 자주 사더라도 말이다.

시스템을 왜 만들려고 할까? 그것이 더 나은 결과를 가져다주기 때문이다. 따라서 어느 정도 효과가 보장될 정도의 노력은 해야 한다. 가령 영어 단어를 하루 한 개만 외우겠다고 결심한다면, 당연히 이는 시스템이 아니다. 당신은 학생이고, 학생에게 요구되는 수준에 미치지 못하는 노력이니까. 그러나 앞서 말했듯 하루 50개씩 영어 단어만 외우겠다는 것도 정상적인 노력은 아니다. 그것은 어디까지나 단기적 목표는 될 수 있지만, 장기적인 시스템은 되지 못한다.

날마다 자신을 강하게 만들 수 있는 시스템을 만들어야 한다. 좋은 성적을 원하는 학생에겐 그것이 학습법을 배워두고 꾸준히 실천하는 일일 것이다. 국어교사인 나는 많은 책을 읽어야 한다. 그러나 학교의 업무는 결코 줄지 않으므로 시간이 나면 책을 읽는다는 것은 말이 안되는 일이다. 그러나 없는 시간을 억지로 쥐어짜며 책을 읽음으로써 내 자신을 괴롭히고 싶지도 않다. 그건 책 읽는 사람의 모습을 얻고 싶은 허세에 불과한 거니까. 그럼 어떻게 해야 할까? 나는 속독을 배워두었다. 속독을 제대로 배워두면 빠른 이해도 가능하다. 아니, 이해는 못해도 좋다. 가령 소설에 등장하는 주인공, 반동인물, 갈등 상황, 결말만 알아둬도 충분히 도움이 되기 때문이다. 속독을 배우는 데는 시간이 걸렸지만, 이것을 배워두고 주기적으로 활용함으로써 나는 책을 읽는 시스템을 만든 것이다.

당신은 어떤가? 날마다 여전히 목표만을 세우고, 그 목표를 달성하지 못해 스트레스 받고 스스로를 비난할 것인가? 아니면 상황에 기대어 합리화할 것인가? 아니면 자신만의 시스템을 갖추고 쓸모 있는 공부를 할 것인가? 당신이 단지 목표가 아니라 시스템을 세우기로 결심한다면, 당연히 그렇게 할 수 있다.

# 05
# 보상을 생각하며
# 공부한다

## 받고 싶은 보상부터 정하자 ──

미안하다. 일단 재미없는 이야기부터 좀 하자. 교육학에서 다루는 이야기인데, 최대한 쉽게 설명할 생각이다. 보상이란 무엇이고, 어떤 보상이 좋은 것인가에 관한 이야기다.

교육학에서는 보상을 두 종류로 나눈다. 하나는 외적 보상이고, 또 하나는 내적 보상이다. 외적 보상은 눈에 보이는 것을 말한다. 예를 들어 당신이 이번 중간고사에서 평균 80점을 맞으면 휴대폰이 최신형으로 바뀐다고 하자. 이 경우 휴대폰은 보상이 된다. 그리고 이 눈에 보이는 보상품은 외적 보상에 해당한다. 반면 내적 보상은 눈에 보이진 않지만 심리적으로 받게 되는 보상을 말한다. 시험에서 원하는 점수를 얻었을 때의 성취감, 자긍심, 자신감과 같은 것이 이에 해당한다. 그리고 교육학에서는 내적 보상을 외적 보상보다 더 좋은 것으로 여긴다. 그 이유는 외적 보상을 통해 동기가 자극된 학생은 점점 더 큰 물질적 보상을 바라기 때문이고, 더 이상 보상이 주어지지 않으면 행동을 멈추기 때문이라고 한다.

나는 교사가 되기 전에도, 교사가 된 이후에도 이 부분이 여전히 미해결과제로 남아 있다. 대개의 사람은 누구나 속물적 경향이 있다. 바로 그렇기에 그러한 속물근성을 포기한 사제 계급, 다시 말해 성직자들은 존경을 받게 된다. 무언가를 포기한다는 것이 그만큼 힘들기 때문이다. 그런데 그러한 욕망을 억누르고 내적 보상을 통해 학생들이 공부하게 하라고? 나도 안 되는 것을 학생들에게 가르치란 말인가. 나로서는 그 편이 훨씬 어려울 것 같았다. 실제 아무리 다그쳐봐야 학생들은 동기부여가 되지 않아 학습에 흥미가 없다.

이런 문제를 해결하는 좋은 방법은 뭘까? 스스로에게 외적 보상을 주는 것이다. 아주 사소한 것이라도 좋다. 목표로 하는 시험이 있다면, 그 시험을 통해 내가 원하는 것을 먼저 생각해 보자. 사람은 분명한 보상을 받으면 행복해 한다. 물론 물질만이 행복을 가져다주는 것이 아니라는 점은 나도 동의한다. 하지만 그것을 내가 바라면 안 되는 이유는 무엇인가? 도리어 돈을 원하고, 명예를 원하는 것은 인간의 본성에 가깝다. 그래서 학교만 해도 이러한 점을 잘 이용하고 있다. 예를 들어 상장이란 냉정하게 말해 색깔 있는 종이에 글자 몇 자를 새긴 것에 불과하다. 그런데 왜 다들 이 상장을 받고 싶어 할까? 남과 다르다, 남보다 우수하다는 인정을 원하는 학생들이 분명 있기 때문이다. 심지어 이 상장에는 돈으로 줄 수 없기에 대용품인 상품권이 함께 지급된다.

그런데 이런 일이 우리 주변에서만 일어나는 일일까? 역사적인 인물들의 경우에는 어떨까? 나폴레옹이 그 자신의 군대를 대육군(Grand Army)이라 부르고, 레지옹 도뇌르 훈장을 만들어 병사 1500명에게 수여하자 사람들이 물었다. 그런 어린애 장난감 나눠주는 짓을 뭐하러 하느냐고. 그러자 나폴레옹이 대답했다. "장난감에 지배당하는 것이 인간이다"

교육학자들의 말대로라면 대다수 학교의 행태는 비난받아 마땅할지 모른다. 하지만 교육기관인 학교조차 외적 보상을 사용하는 터에, 보상을 기대하고 좋은 행동을 하지 말라는 말은 위선이 아닐까 싶을 때가 있다. 물론 진정 자유로운 사람은 이런 사회적 평가에 해당하는 상장에는 관심조차 없을 것이고, 상품권을 받는 대신 아르바이트를 함으로써 필요한 것을 혼자 힘으로 얻어내려 할 수도 있다. 나는 그런 학생이야말로 더 높은 수준의 학생이라고 생각한다. 하지만 아르바이트를 막는 것이 인문계 학교의 현실임을 생각하면, 역시 이런 식의 보상이라도 학생에게 전혀 의미 없다고는 볼 수는 없는 것 같다.

## 보상을 정하면 자신이 보인다 ___

보상을 정하다 보면 또 하나의 놀라운 효과를 경험할 수 있다. 자신이 어떤 사람인지 알 수 있게 되는 것이다. 원하는 보상의 종류는 처음에는 뻔한 수준에서 시작할지도 모른다. 문화상품권, 현금, 휴대폰, 태블릿 등등. 하지만 자신이 원하는 것을 얻으려면 실제 얻을 수 있는 수준으로 보상을 현실화해야 한다. 또는 아르바이트를 하거나 용돈을 모으는 등의 또 다른 노력을 해야 할 것이다. 중요한 점은 이때의 보상은 세상의 기준이 아니라 철저하게 자신의 기준이 따라 정해야 한다는 점이다.

예를 들면 내가 아는 사람 중에는 학원에 다니고 싶어서 시험공부를 한다는 사람도 있었다. 성적이 잘 나오면 부모님이 학원비를 주신다는 것이다. 처음에는 앞뒤가 바뀐 이야기가 아닌가 싶어 내 귀를 의심했다. 하지만 그 사람은 다른 사람과 어울리는 것을 좋아했다. 그래서 친구들과 만나는 시간을 늘리고 싶어서 학원에 가야 했던 것이다. 우리는 보통 성적이 잘 나오기 위해서 학원에 다닌다고 생각한다. 왜냐하면 그게 보편적 상식이니까. 하지만 대다수가 믿는다고 해서 어떠한 사실이 곧 진실이라 볼 수는 없다. 세상에는 나와 달리 생각하는 사람도 있게 마련이다. 일반적 상식에 맞든 아니든 그게 중요한 게 아니다. 자신이 원하는 것을 분명히 볼 수 있다면 그것을 얻기 위해 노력하는 자세는 당연히 진지해진다. 처음에는 듣는 나도 당황스러웠지만 학원에 다니고 싶어서 학창 시절 전교 수석 자리를 놓치지 않았다는 말에는 감탄하지 않을 수 없었다. '성적이 잘 나오면 학원에 다닌다'는 보상이 '인간관계를 소중히 여긴다'는 그 사람의 특성을 여실히 보여준 건 아닐까.

나의 경우는 합리성을 추구하기 때문에 내가 원하는 것이 아니면 되도록 사지 않는다는 규칙이 있다. 물론 원하는 것은 가장 좋은 걸로 사지만 그 외 나머지에 대해서는 무심한 편이다. 필요한 건 딱 필요한 만큼만 돈을 쓰는 것이다. 하지만 그런 나도 일부러 돈을 쓰고 오는 때가 있다. 나에게는 그 자체가 보상이기 때문이다. 예를 들어 일주일 이상 먹을 수 있을 만큼 많은 양이 든 초콜릿을 한 통 산다. 그리고 혼자 먹으면서 공부를 계속한다. 딱히 초콜릿을 좋아하진 않지만, 그것을 하나씩 먹을 때마다 '보상받고 있다'는 느낌이 확실히 전달된다. 내 경우 초콜릿을 사는 경우는 내가 정한 학습량을 해냈을 때다. 이렇게 공부하다 보니 꼭 초콜릿을 먹고 싶어서가 아니더라도, 초콜릿을 사지 않으면 뭔가가 허전해서 어떻게든 공부를 하게 되었다. 어떻게든 시간 내에 공부를 끝내고 싶다는 열망은 '나 자신과의 약속을 소중히 생각한다'는 사고방식을 확인할 수 있는 계기가 되었다. 바빠서 어지간히 공부가 밀리지 않은 이상, 나는 매주 초콜릿을 한 통씩 산다.

## 채찍보다 당근이 낫다 ——

나는 인문계 고등학교에서 아르바이트를 꼭 금지해야만 하는지는 잘 모르겠다. 스스로 노력해서 무언가를 얻어내야 사람이 성장한다고 믿기 때문이다. 그래서 '성적이 80점이 나오면 휴대폰을 바꿔주겠다'는 약속보다, 80점이 나오면 '내가 번 돈으로 이번에는 꼭 휴대폰을 바꾼다'는 약속이 더 바람직하다고 생각한다. 일단 돈을 벌면 그걸로 내가 하고 싶은 것을 정할 수 있으니까 좋다. 무언가를 선택할 수 있다는 건 즐거운 일이다. 그것도 나의 힘으로 얻어낸 결과라면 더할 나위 없다. 사실 어른들도 보상을 좋아하는 건 마찬가지다. 승진을 하기 위해 회사에 늦게까지 남아서 일을 하는 것, 더 많은 영업 활동을 통해 실적을 올리려 애쓰는 것, 재테크를 열심히 배우는 것, 혹은 충분한 돈을 벌어 일 년에 한 번은 해외로 휴가를 다녀오는 것, 모두 자신이 원하는 보상을 얻기 위한 노력이다.

반면 노력을 요구하는 일은 꼭 시험이 아니더라도 부담스러운 것이 사실이다. 그래서 자꾸 당근을 주어서 하고 싶은 마음이 들게 해야 한다. 하지만 대개의 어른들은 당근 대신 채찍이라는 방법을 더 좋아하는 것 같다. 그러나 '지금 공부하지 않으면 앞으로 먹고 살기 힘들어진다'와 같은 말을 아무리 해도 학생들에게는 와 닿지 않는다. 경험해 보지 않은 이상 그 말이 어떤 뜻인지 모르기 때문일 것이다. 가난이 사람을 철들게 한다는 말도 있지만, 그 이유는 그것이 경험에 기초

하기 때문일 것이다. 하지만 가난한 현실과 상관없이 구직자나 실업자는 도처에 있으므로, 공부를 왜 해야 하는지 모르는 학생이 늘고 있기도 하다. 죽도록 공부해서 좋은 대학 들어간 사촌형, 삼촌, 고모가 다시 죽도록 공부해서 공무원 시험 준비하는 모습을 보는데, '공부해야 성공한다'는 말이 와 닿을까.

물론 가끔은 그런 말이 정신 번쩍 차리게 만들어 주기도 한다. 나 또한 최악을 가정하고 '일단 실패는 피하자'와 같은 생각으로 시험공부를 할 때가 있다. 예를 들어 별로 어렵지도 않은 자격증 시험을 준비할 때였다. 처음엔 너무 쉽게 생각하고 별다른 노력을 안했기에 단 한 문제 차이로 떨어졌다. 공부가 부족함을 알면서도, 운이 좋으면 합격할 수 있다고 생각했지만 결국 떨어졌다. 역시나 나에겐 그런 행운은 없다는 걸 다시 한 번 확인했을 뿐이다. 그 다음엔 제대로 공부해서 합격했다. 그 일을 겪고 나서 '실패하고 싶지 않으면 일단 공부해야 한다'는 건 확실히 배웠다. 하지만 그런 공부 방식은 긍정적인 것만은 아니라고 생각한다. 스스로를 힘든 상태로 몰아넣기 때문이다. 역시 그보다는 '이 시험을 무사히 치르고 원하는 보상을 받자'는 생각이 사람을 즐겁고 편하게 만들어 준다.

# 편하게
# 공부해도 된다

## 그냥 편하게 공부하자 ──

나는 야자 시간에 학생들이 뭘 먹으면서 공부하더라도 크게 개의치 않는다. 먹고 싶은 걸 억지로 참아봐야 딴 생각만 하며 공부는 공부대로 안 될 것이기 때문이다. 차라리 먹고 공부에 도움이 될 수 있다면 그건 그것대로 나쁘지 않다고 생각한다. 가끔 먹지 못하게 금지할 때도 있긴 한데, 그건 학습 습관을 길러주기 위해서라기보다 교실에 쓰레기를 아무데나 버리는 경우가 생길 때 주는 패널티다. 또한 자습 시간에 화장실에나 사물함에 다녀오겠다고 해도 두말없이 보내준다(내가 있는 학교는 사물함이 복도에 있다). 자습 시간에도 학생들을 교실에서 나오지 못하게 하는 경우가 있다. 하지만 수능 시험 중에도 화장실에 가는 것은 금지사항이 아니다. 그러니 딱히 자습시간에 막아야 할 이유도 없다고 생각한다. 아마 '공부 중 음식물 섭취 금지'가 학생들이 집중력을 기를 수 있도록 도울 수 있다고 생각하기 때문일 것이다. 그러나 그렇더라도 화장실이 급한데 참아가며 공부하면, 그건 그것대로 효율성이 떨어지는 일이다. 화장실이 급한데 과연 공부가 될까.

무조건 금지시키기보단 차라리 적절히 타협할 수 있는 방향을 찾아보면 어떨까. 예를 들어 나는 자습 시간이 시작되면 복도에는 30분 동안 나오지 못하게 한다. 종이 치기 전에 미리 준비하지 않는 학생들을 통제하기 위해서다. 하지만 30분이 지나면 그때부턴 자유로이 복도를 오갈 수 있다. 세상이 너무 편해져서 못마땅한 어른들이 있을지도 모르지만, 난 사람이 더 편하게 살 수 있는 세상이 하루 빨리 왔으면 좋겠다.

## 물론 자율 규제는 필요하다 ──

나는 이상주의자가 아니다. 공부보다 더 재미있는 온갖 것을 늘어놓고 공부만 하라하면 당연히 집중이 안 된다. 예를 들어 휴대폰을 옆에 두고 공부에만 집중하기란 쉽지 않다. 그러나 공부가 안 된다면 공부할 수 있는 방법을 찾아내는 것도 스스로 할 일이다. 예를 들어 휴대폰 때문에 공부가 안 된다고 치자. 그러면 휴대폰을 가방에 넣어두거나 일정 시간 사용을 금지하는 앱을 이용하는 등의 방법을 취할 수 있다. 휴대폰을 사용할까봐 겁난다면 차라리 담임 선생님께 맡겨두자. 학교에서 강제로 보관하는 것과 무슨 차이가 있느냐고? 내가 선택한 것이니까 마음이 더 편하고 안심이 된다. 언제든 받아갈 수 있으니까. 그러다가 단어 검색을 하거나 강의를 들을 때만 시간을 정해놓고 빌리면 된다.

자율 규제가 도무지 안 되어서, 하루 1시간만 휴대폰으로 놀려고 했는데 어느새 3시간이 지나는 마법 같은 일이 매일 벌어진다면 휴대폰 잠금 앱을 사용해 보자. '넌 얼마나 쓰니', '타임 가이드' 등이 도움이 될 것이다. 심지어는 휴대폰 사용을 하지 않으면 포인트가 제공되는 앱도 있다. '방치타임'이란 앱은 휴대폰을 켜지 않는 시간 동안 포인트가 쌓이고, 내가 얼마동안 휴대폰을 켜지 않았는지 시간도 보여준다. 공부를 하겠다면 단호한 의지만으로 안 될 때가 있다. 좌절 대신 방법을 찾도록 노력하자고 권하고 싶다.

## 공부를 할 때에는 자신이 원하는 대로 —

나는 도서관의 큰 책상 앞에서 공부하기를 좋아하지만 겨울에는 그렇지 않다. 겨울에는 이불 속에 들어가 그 위에 작은 상을 하나 올려놓는다. 그리고 그 독서대와 책을 올려놓고 공부한다. 나는 어지간

하면 집에서는 공부하지 않는다는 주의지만, 날씨 때문에 밖에 나가기 힘든 겨울만은 예외다. 그럴 때 평소의 생활 패턴이 깨졌다며 짜증을 내 봐야 나만 손해다. 그러는 대신 따스한 이불 안에서 다리를 펴고 공부하는 편이 더 좋다. 아직 사지는 않았지만 방이 좀 더 넓었더라면 코타츠(일본식 난방기구로 탁자와 이불 세트라고 생각하면 된다)를 샀을지도 모르겠다. 불굴의 의지로 도서관에 가서 인간 승리를 실천하다 보면, 처음 하루 이틀만 성공할 거라는 걸 잘 안다. 그리고 금세 포기하게 될 것이다. 그 결과 '오늘도 공부를 못한' 자신을 책망하게 될 것이다. 그러느니 차라리 편하게 공부하는 법을 찾는 게 낫다. 공부의 습관을 갖추는 것은 공부를 잘하기 위함이지, 습관 형성 자체가 목적은 아니라는 점을 기억하자.

# 마감시한이
# 행동을 만든다

## 제한은 행동을 낳는다 ——

다음은 마키아벨리의 『군주론』에 있는 말이다.

고대 로마인은 분쟁에 대처할 때 현명한 군주라면 누구나 해야 할 행동을 했다. 다시 말해서 그들은 눈앞의 분쟁 해결에만 도움이 되는 대책을 강구하지 않았다. 장래에 일어날 수 있는 일에 대한 대책도 잊지 않았던 것이다. 로마인은 모든 노력을 다 기울여 그 것이 아직도 싹에 지나지 않을 때 따버리는 것을 잊지 않았다. 장래에 일어날 수 있는 분쟁도 싹일 때 잘라버리면 대책이 용이해진다. 치료도 효력을 보려면 '늦기 전에' 할 필요가 있는 것이다.

고대 로마인은 현대(16세기)의 지혜로운 자들이 흔히 말하는 '때의 혜택을 기다린다'는 태도를 좋아하지 않았다. 그보다 그들 스스로의 역량과 판단력에 의지했다. 그 까닭은 때란 일체의 것을 다 가져오기 때문이다. 선(善)도 데려오며 아울러 악(惡)도 데려온다.

－ 시오노 나나미,『마키아벨리 어록』

시험을 앞두고도 아무 행동도 취하지 않는다면 결과는 낮은 점수 외엔 없다. 그렇기에 지금보다 더 나은 조건이 갖춰질 때까지 마냥 기다리면 안 된다는 이야기도 앞서서 했다. 중요한 건 다가오는 시험에 대비해 즉시 반격할 태세를 갖추는 것이다. 그리고 그 준비란 결국 효과적인 시험공부일 수밖에 없다. 특히 시간을 제약하면 사람은 분발한다. 필요성을 느끼기 때문이다. 내가 시험공부를 위해 썼던 방법 중 하나는 과목당 마감시한을 20분으로 정한 것이었다. 시간이 다 되면 책을 무조건 덮는다. 다 못 봤어도 상관없다. 그리고 다음 과목으로 넘어간다. 20분 안에 정해진 부분을 다 보려면 무슨 수를 써서라도 빠르게 훑어봐야 했다. 이해는 크게 중요하지 않았다. 여러 번 본다는 개념이 내 공부법의 초점이었기 때문이다. 어쩌면 당신은 시험까지 시간이 많이 남아 집중이 안 될지도 모른다. 그럴 때마다 시간제한을 걸고 공부를 하면 어떨까? 집중력이 오를지도 모르잖은가.

가령 영어단어를 외우는 경우를 생각해 보자. 20분 안에 어떻게든 10개를 외우겠다고 생각하면 노트에 예쁘게 정리를 하는 것은 의미가 없게 된다. 그렇게 하면 시간이 부족하기 때문이다. 그보다는 빠르게 글씨를 휘갈겨 쓰고, 중얼거리며 단어를 외우는 편이 낫다. 물론 그렇게 해도 단어 10개를 완전히 외우지 못할 수 있다. 하지만 그 중 3개는 확실히 외우게 되고, 2~3개는 철자까진 아니더라도 눈으로 보고 뜻을 말할 수 있는 수준은 된다. 매번 이렇게 5~7개 정도의 단어를 외운다고 생각해 보자. 계속 쌓이면 그것도 큰 힘을 발휘한다.

나는 학교에서 독서 교육을 하고 있다. 그런데 마감 시한을 정할 때와 그렇지 않을 때의 집중도가 비교할 수 없이 차이가 난다는 사실을 알게 되었다. 나는 보통 시간을 5분으로 제한하고 책을 읽게 한다. 이 과정을 반복하는 게 내 독서 수업의 핵심이다. 그렇게 할 때 학생들은 무시무시한 속도로 책을 읽는다. 책을 읽기 싫어하는 학생도 마찬가지다. 본인의 흥미 여부와 상관없이 교실에서 집단으로 이뤄지기 때문이다. 좋아하고 싫어하고를 생각할 틈이 없다. 시간제한법을 사용하기 전과 후를 비교하면 대략 3배에서 5배는 읽기 속도가 빨라진다. 집중해서 빠르게 읽기 때문이다. 그런데 시간제한을 걸지 않으면 어떻게 될까? 속도가 느려지는 정도가 아니라, 다 같이 그냥 잔다. 긴장감이 떨어지기 때문이다. 고등학생들은 늘 잠잘 시간이 부족한데, 책을 읽느라 교실이 조용하기까지 하니 쉽게 잠에 빠져드는 것이다. 시험 기간에 자습 시간을 주면 자는 학생들이 종종 보이는 모습을 떠올리면 된다. 처음 이 방법을 접한 학생들은 내용이 잘 기억나지 않는다고 이야기하기도 하는데, 상관없다. 어차피 다시 볼 것이기 때문이다. 천천히 한 번을 보다 보면 공부의 맥은 끊기고, '하기 싫다'는 감정이 끼어들 여지가 생긴다. 이러한 것을 막기 위해 최대한 속도를 올리는 것이다.

## 스톱워치는 최고의 도구 ___

또한 마감시한을 사용할 때 꼭 필요한 것이 스톱워치다. 경험상 스마트폰은 좋지 않았다. 아무래도 옆길로 새는 경우가 있기 때문이다. 나는 스톱워치를 수도 없이 쓰고 버리는데, 같은 버튼을 자주 누르다 보니 고장이 잘 나기 때문이다. 스톱워치들은 메모리 기능이 있어서 필요에 따라 5분이나 20분으로 설정을 해두고 사용한다. 무음 설정이 가능하므로 독서실이나 도서관에서도 걱정 없이 쓸 수 있다.

도구 이야기가 나와서 말인데, 요즘 학생들을 볼 때 걱정스러운 것이 필통이 없는 경우가 의외로 많다는 것이다. 화장품을 넣어두는 파우치는 가지고 다니면서도 필통은 없다. 이유를 물어보면 가방에 넣는다거나 필통을 잃어버려서라고 대답하는 경우가 많다. 하지만 필통이 없으면 학습 준비가 되어 있지 않으므로, 매번 다른 친구에게 아쉬운 소리를 해야 한다. 잃어버린 경우도 빨리 다시 구매해서 학습 준비를 갖춰야 공부에 지장이 없음은 당연하다. 이런 사소해 보이는 것들이 시험과 직결된다. 평소 필기구를 갖추지 않는 학생이라면, 시험

당일 날에도 컴퓨터용 사인펜을 챙기지 않을 가능성이 높다. 이러면 당연히 시험 전 마음이 불안해진다. 또한 시험 당일에는 컴퓨터용 사인펜을 빌리러 다니느라 최종 마무리도 못하게 된다. 평소 미리 챙겨 두는 습관을 만들어두면 당황하는 일도 줄어든다.

# 한계 설정은
# 하지 않는다

　학습 의욕은 어떻게 해야 오르는 걸까? 일단 푹 쉬는 것이다. 그러나 시험이 직전에 다가왔는데 마냥 쉬기만 할 수는 없는 노릇이다. 그럴 때는 1분 1초라도 아껴가며 공부할 수밖에 없다. 나는 교사 임용시험을 준비할 때 스톱워치로 날마다 공부한 시간을 쟀다. 합격하던 해에는 하루 14시간 이상을 공부했고, 가장 많이 한 날은 18시간 30분을 공부했다. 밥을 먹거나 씻는 시간을 제외하고, 정확히 책상 앞에 앉아 공부한 시간을 쟀더니 이만큼이었다. 이쯤 되면 1000페이지짜리 책은 45분 만에 볼 수 있고, 전혀 모르는 분야의 책도 술술 읽어 넘길 수 있게 된다. 전공 서적 2~3권쯤은 날마다 읽을 수 있다.

　반복해서 말하지만 내가 그렇게 할 수 있었던 까닭은 처음부터 문제집만 봤기 때문이다. 나는 오직 문제와 답만 확인했고, 그 다음엔 문제를 풀기 시작했다. 체계성은 완전히 무시하고 문제집을 통해 내용공부를 했다. 그러다가 필요하면 이론서를 봤다. 그때는 온라인 스터디를 하고 있었는데 날마다 얼마나 공부했는지, 스톱워치를 사진 찍어 서로 메신저로 보내주는 것이 전부였다. 그랬기에 어지간한 시중의 전공 문제집은 수차례 풀어봤고 이론서도 많이 볼 수 있었다. 시험을 준비한 10개월간의 공부 밀도를 따지자면 고등학생 때까지의 3년을 합친 것보다 높았을 것이다. 내가 이런 말을 하는 것은 학생들도 나처럼 공부해야 한다고 말하기 위함이 아니다. 내가 말하고 싶은 것은 두 가지다. 첫째, 나 역시 고등학생 때는 그토록 치열하게 공부해 본 적이 없었다는 것이고, 둘째, 그런 사람도 필요성을 느끼면 저절로 하게 되니, 집중을 못한다고 스스로를 너무 다그치지 말라는 것이다.

　나도 내가 18시간 이상 공부할 수 있으리라 생각해 본 적이 없다. 다시 하라고 하면 할 수는 있을지 모르지만, 그럴 수 있기까지는 적응기간이 꽤 필요할 것이다. 그러나 나는 내가 대단한 수준이라고 생각하진 않는다. 세상에는 여러 모습의 사람이 있다. 1초에 1페이지씩 책을 보는 사람도 있으며, 수면 시간이 2~3시간에 불과한 사람도 있다. 행운인 것은 우리가 그런 사람들과 경쟁하는 것이 아니라는 점이다. 내가 그렇게 노력할 수 있었던 까닭은 시험공부 기간이 한정되어 있었기 때문이다. 또한 내 마음대로 자습만 할 수 있었기 때문이기도 하다. 수험기간이 3년이고 매번 다른 내용을 정해진 규칙에 따라, 그것도 강의식으로 들어야 하는 학생들은 나와 입장이 다르다. 자습은 잘

만 되면 몰입도가 매우 높고, 그렇기에 얻는 것도 많다. 내가 최대한 편하게 혼자 공부하는 방법을 소개하려 애쓰는 것도 그 때문이다.

자동차왕 헨리 포드는 "당신이 할 수 있다고 믿든, 할 수 없다고 믿든, 언제나 당신이 옳다"고 말했다. 나 또한 같은 말을 하고 싶다. 필요성을 느끼면, 당신은 분명 불가능하다고 생각한 바로 그 일을 해내고 있을 것이다. 세상의 많은 일은 결국 동기와 방법의 문제일 뿐이다. 필요함을 느끼면 그것을 구체화할 수 있도록 해야 한다. 반드시 할 수 있다는 이미지는 당신을 실제 할 수 있는 수준까지 데려다준다.

5장

# 역전(逆轉) 공부법의
# 실제 사례

# 특성화 고등학교에서 준비한
# 한국사 시험

**특성화 고등학교가 어떤 학교인지 모르는 사람들을 위하여** —

이 부분을 다루기 전에 특성화 고등학교에서 경험한 내용, 그곳에 대한 내 생각을 밝히는 게 먼저여야 할 것 같다. 그렇게 하지 않으면 이 글을 읽는 여러분이 내가 무슨 말을 하고 싶은 것인지, 왜 이런 말들을 하는지, 이해가 어려울 것 같기 때문이다.

특성화 고등학교란 인문계 고등학교만큼이나 우울한 곳이다. 적어도 내가 경험한 곳, 내가 다른 사람들에게 들은 곳은 모두 그랬다. 학생들은 기본 질서가 잡혀 있지 않았고, 교사들은 그런 학생들에게 지쳐 있었다. 수업은 30분 이상 진행되지 않았고, 학생들도 자신이 뭘 배우는지 몰랐다. 학생들이 학교생활의 스트레스 해결방법을 학교에서 찾지 않듯, 교사들도 자신들의 행복을 학교에서 찾지 않는 곳, 특성화 고등학교란 그런 곳이었다. 그런 곳에서는 지치지 않고 버티기만 해도 대단한 일이었다.

내가 그런 학교에서 일한 시간은 한 달에 400시간 정도였다. 일주일에 100시간은 꼬박 공부하고, 가르치고, 행정 업무 처리를 했다는 뜻이다. 공적 업무와 사생활은 구분할 필요가 없었다. 왜냐하면, 전혀 구분이 안 되었으니까. 학생들이 전부 집에 가고 나면 혼자 학교 도서관 소파에 드러누워 책을 보곤 했다. 주말이면 새벽 5시에 관사로 돌아가는 경우도 있었다. 몇몇 선생님들이 새벽 운동을 하러 나오실 때가, 나에게는 잠을 자러 가는 시간이었다.

그런 삶이 행복했느냐고 묻는다면, 꼭 그렇지는 않았다고 대답해야겠다. 하지만 인문계 고등학교의 생활보다 훨씬 자유로웠던 건 사실이다. 그 차이는 어디서 나오는 걸까? 공부에 대한 관심에서 나온다. 전문계 학교에서 근무할 때는 대개 아무도 공부에 관심이 없어서, 내가 학생들에게 어떤 걸 가르치든 간섭하지도 않았다. 도와주지도 않지만 막아서지도 않는 곳, 교사로서의 역량을 발휘하기에 최적은 아닐지 모르지만 홀로서기 하려는 교사에겐 수많은 교육적 실험이 가능한 곳, 나에게 전문계 고등학교란 그런 곳이었다.

## 열심히 하려는 학생은 어디에나 있다 ──

물론 나도 내가 언제까지나 주당 100시간씩 일하는 생활을 할 수 있으리라곤 믿지 않았다. 하지만 대개 어떤 직장이든 신입들이 가장 열심인 법이다. 언제까지나 이렇게 살 수는 없겠지만 바로 그렇기 때문에 지금은 이렇게 살아보고 싶다고 생각했던 것 같다. 그리고 그랬기에 남들은 안하는 온갖 희한한 짓은 다하고 다녔던 것 같다.

예를 들면 모의고사 문제풀이 같은 것이 그랬다. 내가 근무한 전문계 학교에서 모의고사 문제풀이를 해준 교사는 나 외에는 없다. 자랑하자고 쓰는 것이 아니다. 혹시나 전문계 고등학교로 진학해서 내신을 잘 받고 싶다고 생각하는 학생들이 있을까봐 걱정되어 쓰는 것이다. 전문계 학교는 철저히 취업에 특화된 학교다. 그러다 보니 내신잘 받아서 대학 좋은데 가겠다는 학생들의 야심(?)은 허망하게 스러진다. 일단 국영수 과목을 공부할 시간이 없다. 게다가 어렵게 공부한다 해도 공부해서 대학 가겠다는 학생은 담임과 싸우고, 배신자(?) 취급을 받을 수도 있다.

그런 배신자를 양성하는 일이 바로 내가 하는 일이었다. 처음 모의고사 문제풀이를 해주겠다고 안내했을 때 내 수업을 듣겠다고 찾아온 학생은 20명이 넘었던 것으로 기억한다. 거의 한 개 반이 내 수업을 들으러 온 것이다. 깜짝 놀랐다. '아, 대학에 가고 싶어 하는 학생들이 이렇게 많았구나'라는 깨달음, 그 깨달음은 내가 수업을 하겠다고 생각하지 않았다면 절대 얻지 못했을 것이다. '전문계 학생들은 어차피 공부 안하니까 쉽게만 가르치면 될 거야'라는 믿음이 우리 사회에 있는 건 부정할 수 없다. 하지만 그곳에도 성실하게 배우고자 하는 학생들은 있고, 꼭 대학에 가고자 하는 학생들이 있었다.

죽을힘을 다해서 일했지만 자고 일어나면 또다시 죽을힘을 다하는 것, 그것은 내가 초인적인 능력을 지녔거나 훌륭한 교사여서 가능했던 것이 아니다. 열심히 살아가는 학생들이 나에게 그럴 것을 명령했고, 나는 그걸 해내야 했을 뿐이다.

## 공채준비반을 맡게 되다 ──

전문계 학교에서 근무하면서 가장 힘들었던 업무를 말하자면, 공채준비반을 맡은 일이었다. 공채준비반이 뭐냐 하면, 공기업이나 대기업에 들어갈 학생들을 따로 모아 가르치는 전문계 고등학교의 성적우수반이라고 보면 된다. 어느 사회에서나 열심히 하는 사람들은 보이는 게 많다. 그러니까 새로이 해야 할 일도 늘어난다. 아는 만큼 보이는 것이다. 공채준비반의 학생들도 그랬다. 인적성 검사를 준비하고, 자기소개서 쓰기를 준비하고, 면접을 준비하며, 한국사 시험을 준비하는 과정들은 결코 쉽지 않았다. 학생들도 처음이었지만 교사인 나도 처음이었기 때문이다. 내가 잘 아는 것은 국어 한 과목뿐이었다. 교사도, 학생도, 서로 아무것도 모르는데 좋은 결과가 나오는 게 가능했을까? 결론부터 말하자면 가능했다. 참으로 운이 좋게도, 나는 '공부를 어떻게 해야 하는가'에 대한 약간의 지식이 있었고 내가 아는 바를 온 힘을 다해 활용했다.

먼저 시중에서 가장 쓸모가 있을 법한 문제집을 골랐다. 내가 근무하는 곳은 시골학교다. 그러다 보니 주변에 대형서점이 없다. 수도권에 살다가 시골로 와서 다른 불편함은 잘 모르겠는데, 수도권에 살 때는 아무렇지 않게 드나들던 대형서점이 몹시 그리울 때가 있다. 나는 영화도 보지 않고, 커피를 마시지도 않는다. 그래서 문화 시설의 부족은 문제가 되지 않지만, 서점이 없다는 점은 두고두고 아쉽다. 어쨌든 이런 문제를 극복하기 위해 내가 취한 방법은 단순했다. 인터넷으로 문제집의 소개를 꼼꼼히 본 다음, 몇 권을 추려내서 '한꺼번에' 주문하는 것이다. 그리고 실물을 본 다음, 필요 없는 책은 반품해 버렸다. 돈 낭비 아니냐고? 확실히 그렇다. 하지만 돈을 낭비하는 편이 시간을 낭비하는 것보다 훨씬 유리하다. 더구나 나처럼 그럴 수밖에 없는 상황에서라면 더욱 그렇다. 약간 다른 이야기지만, 돈을 낭비하더라도 시간을 귀하게 쓸 줄 알면 결국 돈은 따라오게 되어 있다는 게 내 생각이다.

내가 고른 문제집은 거의 '사기'에 가까운 책이었다. 그 이유는 다음과 같다. 첫째, 시험 주관 단체에서 만든 책이었다. 이건 자기들이 뭘 낼지 미리 알려주는 것이나 마찬가지였다. 나는 그전까진 세상에 이런 책이 존재할 거라고는 생각도 못했다. 그 전에도 그 후에도, 어떤 자격증 시험을 치든 시험 주관 단체에서 직접 책을 내는 경우는 본 적이 없었다. 둘째, 이론 내용과 기출 문제가 함께 실려 있었다. 이런 문제집의 장점은 이론서를 따로 사지 않아도 되어서 돈을 아낄 수 있다는 점이다. 나는 이론서를 좋아하진 않지만, 세상에는 이론서가 없으면 불안해하는 학생들도 있지 않은가. 셋째, 이론 부분의 핵심 내용이 형광펜 효과가 되어 있는 책이었다. 이렇게 되어 있으면 중요 부분만 골라서 보는 것도 가능하다. 그 외에도 문제 밑에 바로 해설과 정답이 달려 있다는 점, 각 문제에 대한 이론적 설명이 몇 페이지에 나와 있는지까지 친절하게 표시되어 있다는 점도 매력적이었다.

이 정도로 친절하고 좋은 문제집을 손에 넣었다면 절반은 먹고 들어가는 것이나 다름없다. 남은 것은 이 문제집을 어떻게 요리하느냐다. 이 문제집의 경우 좋은 점이 또 하나 있었다. 한 달을 기준으로 매일 분량을 얼마나 보아야 하는지, 미리 계산이 다 되어 있었다는 점이다. 대개의 수험서적들은 이런 계산이 되어 있지 않은 경우가 많다. 참고로 그런 경우는 난이도를 고려하지 말고 그냥 전체 분량을 공부할 수 있는 날짜로 나누면 된다. 예를 들어 전체가 100페이지이고, 공부할 수 있는 날짜가 10일이면 하루 10페이지씩 보면 된다.

그 다음부터 한 일은 간단했다. 왼쪽에는 문제집을 펴고, 오른쪽에는 해설지를 편다. 해설 내용을 보고 문제를 본 다음, 답을 체크한다. 1회독을 하고 나면, 2회독에서는 답을 지우고 같은 과정을 반복한다. 3회독도 마찬가지다. 4회독 째에는 모르는 문제는 따로 □을 표시하는 과정이 추가된다. 물론 아는 문제는 표시하지 않는다. 이 때 '안다'의 개념은 해설을 보지 않고도 답의 이유를 설명할 수 있는 경우를 말한다.

예를 들어 청동기 시대의 생활상과 관련이 없는 것을 고르는 문제가 나왔다고 해보자. 이때에는 '농사가 시작되었다'를 고르는 것 외에도, 그것이 왜 답이 아닌지를 설명할 수 있어야 한다. 농사가 시작된 것은 신석기 시대고, '벼농사'가 시작된 것이 청동기 시대다. 이렇게 설명할 수 있다면 해당 문제를 푸는데 필요한 내용을 정확히 외운 것이다. 하지만 해당 문제의 답만 외운다면 비슷한 형태의 다른 문제가 나왔을 때 풀 수 없게 된다. 이런 수준의 공부에서 끝나버리면 곤란하다. 이러한 문제를 해결하는 방법은 같은 문제를 여러 번 풀어보고, 그 다음엔 비슷한 문제를 풀어보며 내용을 공부하는 것이다. 항상 말하지만 중요한 것은 여러 번 반복해서 보는 것이다. 물론 책 전체 내용을 처음부터 끝까지 여러 번 돌려 보는 방식이어야 한다.

## 버틸 수 있으면 이긴다 ——

　공부는 흔히 머리가 좋아야 하는 것 아니냐, 타고 나는 면이 있어야 하는 것 아니냐고 묻는 사람들이 있다. 그에 대한 내 대답은 '모른다'이다. 하지만 머리가 좋은 사람이 자꾸 합리화를 시도하고, 그래서 실패에 이르는 과정을 숱하게 지켜본 것도 사실이다. '이걸 뭐 하러 해', '이 시간에 이걸 하느니 다른 걸 하는 게 나아'라는 식으로. 그러다 보니 머리는 크게 중요한 요소까지는 아닌지도 모르겠다는 생각을 하게 됐다. 그보다는 공부하는 요령을 깨우치고 실천하는 일이 훨씬 중요한 것 같다. 토끼가 거북이와 경주를 한다고 해서 반드시 이기는 것은 아니잖은가.

　공부 범위를 정하고 공부하기로 결정했다면, 날마다 그대로 행해야 한다. 오늘 걷지 않으면, 내일은 뛰어야 한다. 그게 세상 이치다. 가야 할 길이 정해져 있고 내가 가지 않는데 길이 줄지는 않기 때문이다. 내가 날마다 했던 것은 단순했다. 정해진 시간에 학생들을 모으는 일, 공부 방법을 설명하고 실제 공부를 하게 하는 일. 그리고 시험 직전엔 기출문제로 모의고사를 치게 하는 일. 이게 내가 했던 일의 전부다. 여기까지는 학생들이 공부할 수 있도록 도운 것이고, 교사로서 내가 한 일이 한 가지 더 있다. 나도 시험을 똑같이 준비한 것이다. 나는 국어교사지, 역사교사가 아니다. 공채준비반을 맡고 나서 내 역할이 점점 넓어지다 보니 손 대는 게 많아졌고, 그래서 시간은 무한대로 필요해졌다. 그 상황에서 새로운 공부를 한다는 건 쉬운 일이 아니었다. 그나마도 방학 때가 아니었으면 어려웠을 것이다. 그래도 전체 과정을 이해하려면 공부를 하지 않을 수 없었다. 이 공부가 며칠짜리 공부고, 그래서 날마다 얼마나 공부해야 하고, 복습은 어떻게 해야 하는지도 모르는데 그저 학생들에게 열심히 하라고 할 수는 없었기 때문이다.

학생들은 날마다 버티기를 했다. 그렇다. 아무리 생각해도 그건 버티기였지, 일반적인 공부가 아니었다. 그 학생들은 난생 처음으로 수험생처럼 공부해봤을 테니까. 그리고 나 역시 쉽지는 않았다. 학생들이 한국사능력검정시험 3급을 준비하는 동안 나는 1급을 준비했다. 언제나 말보다 행동이 소리가 크다. 교사가 말로 아무리 공부하는 이유를 떠들어 봐야 학생들은 반응하지 않는다. 학생들이 공부해야겠다고 결심하는 순간은, 자신보다 더 열심히 공부하는 주변 사람을 만나 자극을 받았을 때다. 어른이 먼저 공부하는 모습을 보이면 학생들도 보고 배운다.

어떤 사람은 말할 것이다. '아니, 한국사 3급이 뭐 대단한 거라고 그래?' 하지만 모든 것은 상대적이다. 미리 말하자면 시험에 합격한 학생 중 한 명은 나에게 "선생님, 전 정말로 이번에 많이 배운 것 같아요. 전 안중근 의사가 병원 약사인 줄 알았어요"라고 했었다. 농담이 아니다. 사실 어찌보면 당연한 것이다. 인문계 학생들이 공업 기초 이론을 모르듯, 내가 가르쳤던 학생들은 인문계 과목을 제대로 공부해 본 적이 없던 학생들이다. 우리가 서양사에서 그리스와 로마의 차이점을 세세히 알지는 못하는 것처럼, 그 학생들에게 한국사는 남의 나라 역사만큼이나 생소했다. 아무것도 모르는 과목을 무작정 공부해서, 게다가 전공과목을 공부하고 면접도 준비하는 상황에서 합격한 것이다.

공부에 쓸 수 있는 기간은 고작해야 한 달 남짓이었다. 공부가 싫어서 인문계로 가지 않은 학생들이었지만, 그게 자기에게 꼭 필요한 일이 되자 눈빛부터 달라졌다. 공부를 하는 방식은 내가 계속 설명했던 것과 같다. 학생들은 처음에 이러한 역순의 공부 방식을 어려워했다. 그래서 나에게 요구했다. 각 단원마다 이론 설명부터 해달라고. 역순이 아니라 일반적인 순서로 공부하길 원했다는 뜻이다. 내 방식은 아니었지만 '그래도 공부를 하겠다는데 원하는 대로 해줘볼까'라는 마음으로 이론 설명부터 들어갔다. 하지만 정작 실행을 해보고 얼마 지나지 않아, 학생들은 이내 기존의 내 방식으로 돌아갔다. 이론을 들을 때는 무슨 말인지 아는데, 정작 문제는 풀 수 없었기 때문이다. 이론으로 안다는 것과 실제 문제를 푸는 것의 차이점을 경험한 것이다. 무엇보다 이해를 바탕으로 하는 강의식은 시간이 너무 많이 걸렸다. 시험공부를 할 때 시간낭비는 치명적이다. 한 과목만 시험을 보는 것이 아닌 경우도 많을 뿐더러, 그럴 경우 지금 보는 단원에 너무 많은 시간을 쏟으면, 다른 과목을 공부할 수 없어서 초조하기 때문이다. 이미 심리적으로 무너지는 것이다. 그 결과 지금 보고 있는 과목에도 집중을 못하고 잡념만 생긴다. 따라서 공부 과정 자체를 단순화해야 한다. 답과 문제만 계속 보는 것이다. 이것이야말로 그물망으로 살살이 훑어내는 공부 방식이 아닌, 작살로 필요한 물고기만 골라 잡아내는 방식이라 할 수 있다.

다만 이 경우 초반을 잘 넘겨야 하는 것은 어쩔 수 없다. 이해가 바탕이 되지 않은 공부이기 때문이다. 반복해서 말하지만 이해를 바탕으로 앞으로 나아가는 것은 학문을 위한 공부다. 하지만 내가 쓰는 방식은 학문을 통한 자아실현과는 거리가 멀다. 그보다는 빠른 시험의 합격, 혹은 고득점을 위한 방식이다. 초반에 내용이 어려울 때는 당연히 힘이 든다. 다만 반복을 통해 아는 내용이 많아질수록, 공부 속도가 놀라울 정도로 빨라지는 것을 경험할 수 있음은 약속할 수 있다.

학생들은 성장했다. 그들 중엔 좋은 기업체에 간 학생도 있고 대학진학으로 진로를 바꾼 학생도 있다. 분명한 건 그 학생들이 고등학교에서 무의미하게 시간을 보내다가 졸업하진 않았다는 사실이다. 내가 알기로 그 학생들은 모두 자기 자리를 성실하게 지키며 자신의 할 일에 여전히 집중하고 있다. 실제 그때 가르쳤던 학생 중엔 과수석을 한 학생도 있다. 생각해 보면 무언가에 미치도록 공부했다는 것, 그리고 그럴 수 있도록 지도했다는 것은 학생에게도 나에게도 잊지 못할 특별한 기억이다. 열심히 노력했던 학생들의 앞날에 행운이 깃들기를 바랄 뿐이다.

# 문과생도 1등급이 가능한
# 수학 공부법

**편견부터 깨자** ——

　수학 문제를 풀 때 흔히 듣는 이야기가 '해답지를 보지 말라'는 것
이다. 하지만 이건 사람마다 다르다고 생각한다. 예를 들어 수학에 재
능이 있는 학생이 해답지를 보지 않고 문제를 풀어낸다면 좋은 일이
다. 그러나 나는 그런 학생들은 많이 만나보지 못했다. 특히 문과생 중
에 그런 학생은 본 적이 없다. 나는 수학을 못하는 학생들에게 답지부
터 펴라고 말한다. 그러면 모든 학생이, 정말로 100% 이렇게 말한다.

　"수학은 답지 보면 안 되는데요?"

　하지만 그것이 정말 본인의 생각일까, 아니면 본인의 생각이라 착

각하고 있는 걸까. 학생들이 뭐라 대답하든, 나는 일단 답지를 펴라고 다시 말한다. 그리고 연습장을 꺼내라고 말한다. 그 다음엔 해답지를 보면서 문제를 풀어보라고 말한다. 그러면 대개 두세 줄 풀다가 막히게 된다. 그럼 나는 이렇게 말한다.

"거 봐, 답지를 봐도 못 풀잖아"

이것이 현실이다. 해답지는 문제를 풀 수 있는 길을 제시한 지도와 같다. 이걸 봐도 목적지까지 갈 수 있을까 말까한데, 혼자서 길을 가겠다고? 처음 보는 곳에 와서 목적지까지 찾아가야 한다고 생각해 보라. 무척이나 힘들고 피곤한 일일 것이다. 어떤 학생들은 해답지를 보면 시험 때 풀이 과정이 떠오르지 않는다고 한다. 하지만 어떻게 풀든 간에 어차피 사람은 잊어버리게 되어 있다. 문제 푸는 과정을 계속 연습하지 않으면 말이다. 그럴 거라면 그냥 답지를 보면서 푸는 법을 연습하는 것이 낫다. 정리하자. 수학적 사고가 되는 학생이라면, 해답지는 보지 않아도 된다. 그러나 그렇지 않다면 해답지를 보고서라도 문제를 푸는 편이 낫다.

## 그럼 어떻게 공부해야 하는가? ——

수학은 첫째, 공식을 외우고, 둘째, 풀이과정을 외우는 과목이다.

180

이걸 제대로 해내기만 하면 점수가 오른다. 공식을 외우는 정도는 많은 학생들이 한다. 문제는 두 번째다. 풀이과정 외우기가 쉽지 않은 것이다. 그럼 왜 풀이과정을 외우는 게 힘들까? 기준이 없어 문제를 푸는 과정이 막연하기 때문이다. 누구나 분명하게 눈에 보이는 걸 좋아한다. 앞서도 말했지만 모르는 길을 지도 없이 가는 것보다는 보면서 가는 편이 유리하다. 처음 가는 길을 지도 없이 가다보면 당연히 헤맨다. 그런 식으로 문제만 보고 풀려 애쓰다 보면 어느덧 자습시간에 멍하니 벽만 쳐다보는 자신을 발견하게 될 것이다. 이런 식의 시간 낭비는 막아야 한다.

그럼 해답지만 보면 문제가 저절로 풀릴까? 아쉽게도 그렇지는 않다. 그 이유는 수학 문제집들이 불친절하기 때문이다. 문제풀이 과정을 쉽게 이해하기 위해 10단계의 풀이 과정이 해설지에 있다면, 누구나 이해할 수 있다. 그러나 수학 문제집들은 이 과정을 7단계 정도로 줄여버린다. 이때 생략된 3개의 단계 때문에 학생들이 힘들어 하는 것이다. 좀 더 쉽게 이해할 수 있도록 예를 들어 보겠다. 어떤 문제를 푸는데 풀이 과정이 총 10단계라고 생각해 보자. 그리고 그 중 3번째 단계에서 막힌다고 해보자. 그럼 이 막히는 부분이 풀릴 때까지 계속 고민해 보아야 한다. 3번째에서 4번째로 넘어가는 단계를 어떻게 하면 해결할 수 있는지 끊임없이 생각해야 하는 것이다. 이때에는 멍하니 허공을 쳐다보든, 중얼거리든, 연습장에 계속 써보든, 어떤 식으로든 다음 단계로 넘어갈 수 있어야 한다. 물론 쉽지 않다. 시간이 걸릴 것이다. 하지만 이 시간이 걸리는 과정을 제대로 해내는 게 수학 공부다. 똑같이 생각을 하더라도, 해답지라는 기준 없이 막연하게 공부하다 포기하는 상황과는 분명 다르다. 막힌 부분을 계속 풀려고 노력하면 결국 답은 나온다. 다행인 것은 풀이과정 10단계 중 처음부터 끝까지 모두 막히는 경우는 없다는 것이다. 대개 잘 넘어가다가 중간 어딘가에서 막힐 뿐이다. 다시 말하지만 이 과정에서 풀이과정을 이해할 때까지 계속 물고 늘어져야 한다. 그래야만 답이 나온다. 그래도 정 모르겠다면 친구나 선생님의 힘을 빌리면 된다.

그럼 이걸로 끝일까? 그렇지 않다. 내가 가장 아쉬운 점인데 많은 학생들이 일단 풀이과정을 알면 거기서 멈춘다. 그리고 다음 문제로 넘어간다. 내가 가장 경계하는 이해로만 끝나는 공부를 하는 것이다. 하지만 그래서는 안 된다. 시험공부의 목적은 시험장에서 풀이과정을 잊어버리지 않고 그대로 문제를 풀어내는데 있다. 따라서 풀이과정 자체를 완벽하게 외워야 한다. 이것이 어떻게 가능할까? 풀이 과정을 연습장에 써보면 된다. 해답지를 보지 않고, 한 번도 막히지 않고 풀이과정을 쓸 수 있을 때까지 하면 된다. 아니, 그걸로도 모자라다. 내일 이 문제를 다시 보더라도 능숙하게 풀어낼 수 있다는 확신이 들 때까지 반복해야 한다. 그러자면 같은 문제를 다섯 번이든 열 번이든 연습장에 계속 풀어야 한다. 자기 확신이 들 때까지 절대 멈춰서는 안 된다. 수학 공부의 핵심은 완전성에 있다. 쉽게 말해 '양보다 질'이라는 뜻이다. 어설프게 많은 문제를 풀겠다며 빨리빨리 푸는 법에만 익숙해진다면? 장담컨대 당신은 어설프게 풀 수 있는 문제들만 보게 될 게 뻔하다. 다시 말해 중간의 풀이과정이 다시 막히는 현상을 맞이하게 될 것이다. 자습 시간 관찰해보면 많은 학생들이 그런 공부를 한다. 잊어서는 안 된다. 시험은 스치듯 본 것 때문에 맞을 수도 있지만, 스치듯 본 것 때문에 틀릴 수도 있다. 다른 과목과 달리 수학 과목만큼은 보수적인 관점에서 접근해야 한다.

나는 운 좋게도 국어 과목에는 재능이 있었다. 적어도 작문 분야는 그랬다. 학창 시절 내가 받은 상은 항상 글쓰기와 관련된 것이었다. 반면 수학 과목은 순전히 노력으로 간신히 성적을 유지했는데, 내가 쓴 방법은 풀이방법을 반복함으로써 교과서와 문제집의 모든 풀이과정을 외우는 것이었다. 이렇게 하면 하루 3시간 동안 대여섯 문제밖에 못 푸는 날도 있다. 하지만 기억이 오래가기 때문에, 결국에는 그 편이 훨씬 득이었다. 아쉽게도 고등학교에 다닐 때에는 지금 내 공부법이 완성된 상태는 아니었다. 그래서 '알게 된 문제는 더 이상 풀지 않아도 된다'는 생각은 하지 못했다. 왜 그런 단순한 생각을 못했는지 지금도 의문이다. 나는 항상 문제집의 처음부터 끝까지 모든 문제를 풀었다. 아는 문제도 거듭 푼 것이다. 물론 거의 만점이 나왔다. 나에게 수학적 재능은 전혀 없었음에도 말이다. 만약 시간 낭비를 줄일 수 있었더라면 더 효율적으로 공부할 수 있었을 것이다. 수학 문제를 풀 때에도 기본 요령은 같다. 자주 헷갈리는 문제는 따로 표시해 두고, 그 문제만 다시 풀어보면 된다. 반복은 언제나 힘을 발휘한다.

수학적 재능이 부족한 것은 한탄할 일이 아니다. 부족한 것을 아쉬워하기보다, 그것을 어떻게 채울지 생각하는 편이 도움이 된다. 당신이 필요한 것이 진정 수학 실력일까? 아마 그렇지는 않을 것이다. 당신에게 필요한 것은 좋은 수학 점수다. 혹시 당신이 수학자가 되고 싶다면? 그래도 일단 성적은 올려놓아야 한다는 사실에는 변함이 없다. 일단 필요한 점수는 얻어야 할 테니까. 어떤 경우든 현재 당신에게 필요한 것을 정확히 파악해야 한다.

약간 다른 이야기지만 내가 놀랐던 것 중 하나는, 수학 자습서가 있는지도 모르는 학생들이 의외로 많더라는 것이다. 거의 대부분의 교과서에는 자습서가 달려 나온다. 왜냐하면 출판사 입장에서는 자습서를 팔아야 돈을 벌 수 있기 때문이다. 그래서 국어교과서에는 학습활동의 답이 없고, 수학교과서에는 답은 있되 풀이과정이 없다. 교과서를 만드는 출판사들은 그렇게 돈을 번다. 그거야 어쨌든 교과서 문제는 대체로 쉬운 편이니까, 자습서의 문제집을 사서 풀어보면 기본기를 다지는데 도움이 될 것이다. 어느 정도 익혔다면 다른 문제집을 한 권 더 풀어보면 된다.

# 03

# 1년 만에 10점을 올린
# 교원 임용시험

## 기죽지 마라, 교사도 공부하기 싫은 건 똑같으니까 ——

잠깐 옛날 책 이야기 좀 해보자. 혹시 공자의 『논어』라는 책을 들어보았는지 모르겠다. 혹시 『논어』가 어려운 책이라고 생각하는가? 펴 보지도 않아서 모른다고? 사실 전혀 어렵지 않다. 공자님의 말씀은 '예의 좀 갖추라'는 것이다. 그런데 예의란 또 뭘까? 이 또한 간단하다. '내가 당하기 싫은 일을 남에게 하지 않는 것'이다. 나는 예의를 매우 중요하게 생각하는데, 그건 쓸데없이 허례허식을 따진다는 뜻이 아니다. 그보다는 역지사지(易地思之)할 수 있는 마음가짐을 가졌느냐 아니냐로 상대를 살핀다는 뜻이다. 안타깝게도 이거 안 되는 어른이나 애, 되게 많다. 한국 사람들이 '정'이라는 단어로 포장하는 온갖 간섭, 사실 관심의 수준을 넘어서서 병으로 발전하기 십상이다. 관심을 지나치게 끌려 애쓰면 관심종자 되듯, 관심을 지나치게 보여주면 꼰대가 된다.

나는 학생들에게 공부하라는 말은 거의 하지 않는다. 하는 경우에도 그냥 습관성으로 하는 수준이고, 할 때마다 반성한다. "공부 열심히 해야 돼" 같은 말은 어른들 사이에서 "다음에 술 한 잔 해요"라는 말처럼 아무짝에도 쓸모없는 말이기 때문이다. 그럴 거라면 차라리 동기부여를 돕거나, 공부하는 법을 제대로 가르쳐주는 편이 낫다. 하지만 그보다 더 중요한 이유가 있다.

사실은 나도 공부가 싫다.

솔직히 고백하자면 나는 그 중에서도 국어 공부가 제일 싫다. 내가 국어교사인데도 그렇다. '잘하는 것'을 꼭 좋아해야 하는 법은 없다. 오히려 매일 같이 하게 되는 공부가 국어이다 보니, 국어 빼곤 다 재밌는 느낌인지도 모르겠다. 시험 때는 시험공부 외의 모든 것이 재미있는 학생들의 심리와 비슷할지도 모른다. 또는 취미로 야구를 하는 사람과, 야구 해설을 직업으로 삼는 사람의 스트레스 강도가 다른 것과 비슷한 것일지도. 그러다 보니 국어 외의 다른 것에서 재미를 찾는 버릇이 있다. 한 달 30일 중 29일 이상을 재미있는 것을 찾고 있기에, 대개의 하루하루는 재미가 없고 뭔가 시들한 느낌이다. 그런 생각으로 세상을 살다 보니 나도 살짝 죄의식(?)을 갖게 될 때가 있다. 그게 언제냐 하면, 다른 국어 선생님들을 만날 때다. 다른 국어 선생님들이 국어를 좋아하고, 국어 관련 온갖 활동을 하시는 모습을 볼 때마다 나는 살짝 그 상황이 불편해진다.

문제집을 푸는 것뿐이라면, 나는 주말 이틀 동안 3권을 풀 수 있다. 풀다 보면 간혹 재미를 느낄 때도 있지만, 그런 경우는 거의 없다. 이미 국어가 직업인 나는 그런 재미도 사라진지 오래다. 문제를 풀 때마다 학생들에게 어떻게 설명해야 할까 생각하는, 직업의식이 먼저 발동 걸리기 때문이다. 그래서 나는 국어 문제를 잘 못 푼다. 문제를 풀기보다 문제를 분석하고 있기 때문이다. 차라리 재미를 따진다면 내 직업도 아니고 아무 대가도 주어지지 않는 수학이 더 재미있다.

## 그런 나도 어쨌든 국어 교사 하고 있다 ——

내가 그런 삶을 살고 있다 보니, 학생들이 살아가는 모습을 보면 참으로 불쌍하고 답답하다는 생각을 종종 한다. 학생들이 무슨 특별한 의미를 찾아서 학교에 15시간을 남아 있겠는가. 애초에 의미 자체가 없는데. 그러나 딱 하나, 학교생활도 도움 되는 것이 있긴 하다. 공부의 인내심과 지구력을 기르는 기회를 준다는 것. 사람은 어쨌든 먹고 살려면 분야를 정해서 공부를 해야만 한다. 그러다 보면 재미있는 공부만 할 수 있는 것도 아니고, 설령 좋아서 시작한 공부라도 슬럼프는 찾아오게 마련이다. 그럴 때 버티는 힘을 길러주는 것이 수험생활이다. 물론 여기서 그렇게까지 공부해야만 먹고 살 수 있는 세상이 정상이냐는 문제는 잠깐 접어 두자.

적당히 게을러도 충분히 행복한 세상은 아직 오지 않았기에, 나도 공부를 시작해야 했다. 공부를 하다가 느낀 건데, 나는 공부 내용이 이해가 잘 될 때 재미를 느꼈다. 하지만 이해의 재미만 느끼면서 공부할 수 있을 만큼 공부량이 만만하지는 않다. 그래서 성취감이 있는 공부를 하지 않을 수 없었다. 끈질긴 반복과 속도를 올리는 공부를 그래서 해야 했다. 전에는 도대체 무슨 말인지 전혀 이해가 가지 않던 내용도 반복해서 보다 보니 나중에는 이해가 되었고, 외워지지 않아서 걱정이던 내용도 자꾸 보니 결국 외워졌다. 그런 내용이 많아지니 책을 보는 속도가 더욱 빨라졌다. 그렇게 속도감을 느낄수록 '공부도 할 만한 것'이 되었다. 물론 그렇다고 나도 한 번에 성공했던 것은 아니다. 어찌됐든 다른 일을 하는 시간이 많았고 공부하는 시간은 아슬아슬하게 확보하는 수준이었기 때문이다. 거기에 공부를 엄청나게 좋아하거나 하진 않았기에 합격은 쉽게 찾아오지도 않았다. 교원임용 시험은 수능과 똑같이 교육과정평가원에서 출제한다. 1년에 한 번 밖에 없는 시험이라는 점도 똑같다. 그러니 한 번 떨어지면 다시 1년을 꼬박 준비해야 한다. 더구나 1차부터 떨어지면 모를까, 1차와 2차는 합격하는데 3차에서 두 번을 떨어지니 고민도 적잖이 되었다.

## 새로운 시도로 길을 찾아내다 ──

　시험에 계속 떨어졌어도 나는 내 공부방법이 전적으로 틀렸다곤 생각하지 않았다. 어쨌든 1차는 꾸준히 합격했기 때문이다. 내가 시험을 칠 때에는 1차는 객관식 시험이고, 2차는 논술형 시험이었으며, 3차는 수업 실연과 면접으로 구성되어 있었다. 1차 시험은 그다지 걱정되지 않았다. 시험 난이도야 어쨌든 합격했기 때문이다. 다만 어떤 문제가 나올지 감을 잡을 수 없는 2차는 도무지 답이 없었다. 국어과목은 특히나 범위가 넓은 과목으로 알려져 있다. 조선시대 과거시험을 치른다면 이런 느낌일까 싶을 정도였다. 교원임용시험은 각 시험의 점수가 합산 형태였기 때문에 3차까지 가더라도 2차 점수가 낮으면 아무 의미가 없다. 합산하여 최종점수가 낮으면 불합격이기 때문이다. 이 부분을 해결하지 않으면 합격은 불가능하다고 보아야 했다.

　그래서 생각한 방법이 문제를 직접 만드는 것이었다. 예상 문제를 정리해서 그에 대한 답을 줄줄이 읊어댈 수 있을 때까지 외워보면 어떨까 싶었다. 어쨌든 나는 1년에 오직 하나의 시험만 준비하면 되기 때문이다. 시간 여유가 없었다면 이런 방법은 쓰지 않았을 것이다. 문제를 모두 제비로 만들고 그 중에 하나를 뽑아 곧바로 설명할 수 있을 정도가 된다면, 충분히 합격할 수 있겠다는 생각이 들었다. 문제와 답을 자주 보고 외우는 방식은 객관식이 아니어도 충분히 써먹을 수 있다고 판단한 것이다. 문제를 보고 그에 해당하는 답을 두세 번 살펴본다. 외웠든 아니든 일단 넘어가서 다음 문제를 본다. 이렇게 하다 보면 한 문제만 집중적으로 보느라 진도가 안 나가는 문제를 막을 수 있다. 공부할 때마다 가장 경계하는 것이 진도가 안 나가는 것인데, 추진력이 없으면 공부 의욕은 금세 사그라들기 때문이다.

나는 공부할 땐 사람을 잘 만나지 않는 편이다. 무언가를 얻으려면 무언가는 버려야 한다. 성취를 얻으려면 때론 고립을 선택할 필요가 있다. 그걸 이해하는 사람은 남과 어울리되 자신을 지킬 줄 안다. 자신의 시간을 확보함으로써 세상일이 아니라 자신이 원하는 일에 집중하는 것이다. 하지만 아무리 그래도 혼자 몇 권 분량의 예상 문제를 낸다는 건 쉬운 일이 아니었다. 그래서 스터디 그룹을 만들었다. 온라인으로 사람을 모집하면 스터디 그룹을 만드는 일은 어렵지 않다. 다만 모집을 하는 사람이 왜 스터디를 만드는지, 어떤 활동을 할 것인지, 기간은 언제까지 할 것인지를 정확히 제시해야 한다. 그렇지 않으면 그 스터디는 어느샌가 흔적도 없이 사라진다.

문제를 충분히 만든 다음 한 일은 문제와 답을 계속 살펴봤다. 한 번 그렇게 본 다음엔 순서를 바꾸어 답과 문제를 본다. 이렇게 하면 무척 낯선 느낌이 든다. 영어 단어를 외울 때 단어만 보고 뜻을 떠올리는 연습을 하다가, 반대로 뜻을 보고 영어 단어를 생각하는 연습을 하면 막힐 때가 있는 것과 비슷하다. 참고서를 먼저 보는 방식은 그물을 넓게 치는 방식과 같다. 그물을 치는 방식은 시간도 오래 걸리고,

치는 동안 물고기는 한 마리도 잡을 수 없다. 매년 2차 시험을 준비하면서 막연하게 남과 같은 방식으로 준비하던 모습을 발견하고 나서야, 나는 내가 왜 실패할 수밖에 없었는지 깨달았다. 그런 식으로는 애초 물고기를 잡을 수 없다. 물고기는 그물이 아직 쳐지지 않은 방향으로 도망가면 되기 때문이다. 반면 문제부터 살펴보는 것은 물고기를 작살로 잡는 방식이다. 일격에 작살로 물고기를 꿰어 낚아채는 것이다. 한 번에 한 마리씩, 필요한 만큼만 물고기를 잡으면 된다. 욕심을 부릴 필요도 없다. 혼자 바다 속 물고기 전부를 먹어치울 것도 아니니까, 필요할 때 필요한 만큼만 잡으면 되는 것이다.

시험도 마찬가지다. 시험은 필요한 만큼만 점수를 얻어내면 된다. 필요한 점수가 많다면 물고기를 좀 더 열심히 잡으면 된다. 그물을 어마어마하게 넓게 칠 필요는 없다. 또한 시험은 일격에 끝내야 한다. 나는 실수로 작살 대신 그물을 선택한 대가를 충분히 치렀고, 더 이상 그물을 칠 생각은 없었다. 내가 선택한 문제들은 모두 시험에 나온다고 생각하고 계속 문제와 답, 혹은 답과 문제의 순서로 반복해서 본 것이다.

참으로 단순하지 않은가? 하지만 이 방법이 내가 원하는 것을 얻게 해주었다. 이론서를 보는데 집착하지 않고 순서를 바꿔서 문제와 답부터 봤을 뿐인데, 나는 필요한 점수를 얻는데 성공한 것이다. 이 방법의 최대 장점은 정신력 소모가 적다는 데 있다. 답을 이미 알기에 답이 무엇일까를 생각할 필요도 없고, 정답이 무엇인지 생각할 시간도 아껴준다. 속도가 붙고 진도가 나가니 공부에 덜 지친다. 그러면 공부도 재미있을 수 있다. 공부의 재미를 끌어내는 절대 요소는 이해가 아니다. 어디까지나 속도다. 나중에는 한 문제를 푸는데 1초면 충분해진다. 문제를 봄과 동시에 답을 떠올릴 수 있기 때문이다.

이론서는 전혀 보지 않았느냐 하면, 그렇지는 않았다. 다만 항상 가장 마지막에 보았을 뿐이다. 맥락을 곧바로 잡으려면 아무래도 이론서가 낫기 때문이다. 하지만 이건 어디까지나 전문적인 수준의 시험을 치러야 했기 때문이다. 학교 시험을 준비하는 수준이라면 여기까지 필요한 경우는 많지 않을 거라고 생각한다. 또한 이론서는 문제집을 통해 지식이 쌓였을 때 참고해서 보는 수준으로 활용해야 한다. 여러 번 말하지만 처음부터 이론서를 보면 지칠 가능성이 높다. 그런 일은 반드시 피해야 할 것이다.

6장

# 이것만은
# 피하자

# 01

# 필기에
# 집착하지 않는다

## 필기의 뜻은 무엇일까 ——

필기는 공부할 내용을 요약 정리하기 위한 것이다. 그러나 요약 정리하는데서 그치지 않고, 자신의 글씨로 된 자료를 통해 '자기 것' 이라는 느낌을 받아 공부에 집중력을 높여주기도 한다. 다음은 사전 에서 말하는 필기의 의미이다.

1. 글씨를 씀
2. 강의, 강연, 연설 따위의 내용을 받아 적음

우리 선조들이 어릴 때부터 글씨를 쓰는 방법으로 공부했던 이유 는 쓰면서 생각하는 과정이 필요했기 때문이 아니었나 생각된다. 다시 말해 생각을 정리하고 자신이 생각한 의미가 옳은지 점검하는 과정을 거쳤다는 뜻이다. 이 과정은 1을 통해 가능하다. 그러나 객관식 시험성적을 올리기 위해서라면 1의 방법은 의미가 없다. 생각하는 일이 쓸모없다는 말이 아니다. 오늘날의 시험에 적합하지 않다는 말일 뿐이다. 그럼 2의 방식은 어떨까? 2의 방식만 가지고는 시험을 대비할 수 없다. 적는 일은 상당한 시간을 필요로 한다. 적는 일에 시간을 많이 쓸수록 공부할 시간이 줄어든다. 필기를 열심히, 그리고 아주 예쁘게 정성들여 하는 학생들을 보면 안타깝다. 어차피 요약 정리된 자료가 많은데 그걸 또 정리하느라 시간을 쓰는 것이 아깝기 때문이다. 그렇게 하다 보면 정리를 위한 정리로 끝날 뿐이다. 그런 식의 시간낭비는 무언가를 열심히 했다는 뿌듯함 외에 아무것도 주지 못한다.

필기를 통한 공부법에 관해서라면 아이카와 히데키가 쓴 『파란펜 공부법』을 능가할 책이 없다. 이 책에서 설명하는 학습법은 매우 단순하다. 먼저 파란 볼펜 한 자루와 공책 한 권을 준비한다. 그리고 공부한 내용을 모조리 파란펜으로 공책 한 권에 쓰면서 공부한다. 과목별로 노트를 준비하는 것도 아니고, 그저 한 권에 모두 적을 뿐이다. 이게 끝이다. 이 단순한 방법으로 일본 내 명문대학에 재수생이 아닌 현역생 신분의 합격자를 수없이 배출했다는 것이다. 이 방법의 장점이 무엇일까를 생각해 보면 다음과 같다. 첫째, 방식이 단순하다. 단순하면 누구나 따라할 수 있다. 복잡하고 예외가 많은 규칙은 따라 하기 어렵다. 또한 규칙이 복잡하면 하기 싫은 좋은 핑곗거리가 된다.

그에 반해 파란펜으로 노트 한 권에 공부 내용을 모조리 적는다는 건 얼마나 단순한가. 물론 손은 힘들 것이다. 하지만 실제 이러한 공부법으로 좋은 결과를 얻는 학생이 많다니까, 효과 자체는 입증된 셈이다. 둘째, 시각화다. 배운 것을 모조리 쓰면 자신이 날마다 얼마만큼 공부했는지 알 수 있다. 확실히 끈기 있고 쉽게 질리지 않는 학생에겐 도움이 될 것 같다.

파란펜 공부법은 쓰는 것만으로도 공부가 된다는 것을 전제로 한다. 혼자 공부하면서 집중력을 발휘하기 위해 파란펜을 이용하는 것이다. 실제 펜의 색깔이 파란색이어야 하는 이유는 그것이 차분함과 집중력을 높여주기 때문이라고 한다. 이런 관점에서 보면 파란펜 공부법은 필기 이상의 의미를 갖는다.

다만 수업 중에 하는 필기는 그것을 하는 동안 수업 내용을 놓치게 된다는 단점이 있다. 귀로 들어야 할 설명 내용을 놓치게 되는 것이다. 혼자 정리해가며 공부하는 것은 몰라도 강의식 수업이 필기로만 끝나버리면 곤란하지 않을까. 예전에 EBS 프로그램에서 손이 짓무를 정도로 필기를 해가며 공부하는 학생의 이야기를 다룬 적이 있다. 그렇게까지 공부할 필요는 없었는데 보고 있으면서도 안타까운 마음이 들었다. 공부는 원하는 것을 얻기 위해 하는 것이지 몸을 상하게 하기 위해 하는 것이 아니다. 무엇보다 그럴 필요가 없다. 세상에는 무수히 많은 공부법이 있기 때문이다. 그런 면에서 필기는 몸을 괴롭게 하는 공부법이고, 쓰는 동안 생각을 멈추게 한다는 점에서 경계해야 할 필요가 있는 공부법이기도 하다.


## 차라리 반복해서 보는 편이 낫다 ──

같은 책을 백 번 필기하는 편이 낫겠는가, 아니면 백 번 읽는 편이 낫겠는가? 체력적 소모 면에서 말이다. 당연히 읽기가 낫다. 사실 백 번을 읽을 필요도 없다. 대략 7번 정도를 읽으면 된다. 그쯤 읽으면 읽기만으로도 많은 내용을 얻을 수 있게 된다. 내가 이렇게 말하면 7번을 언제 읽느냐고 푸념을 하는 학생들이 있다. 하지만 그런 학생들은 반복이 얼마나 효율적인지 경험해보지 못한 학생이다. 책은 읽으면 읽을수록 저절로 이해되고, 문제는 반복해서 풀면 풀수록 정답률이 올라간다. 아는 부분은 볼 필요가 없다. 그래서 건너뛰고 읽게 된다. 남들이 보면 정말 공부를 하는가 싶을 정도로 대충대충 읽게 된다. 확실히 반복은 속도를 올려주고 실력을 올려준다.

하나 더하여 말하자면 사람은 눈에 보이는 구체성이 있으면 더욱 적극적이게 된다. 앞에서도 말했지만 예전에는 각 책마다 첫 장에 포스트잇을 붙이고 언제부터 읽기 시작했는지, 언제까지 읽었는지를 일일이 기록했다. 그렇게 되면 책을 읽는 속도가 점점 빨라짐을 확인할 수 있었기 때문이다. 예를 들어 문법공부를 할 때였다. 교재를 1번 읽는데 걸린 시간이 15일이었다면, 2번째는 13일, 3번째는 12일, 4번째는 5일… 이렇게 1회독을 하는 간격이 점점 줄어드는 것을 볼 수 있다. 안 보고 건너뛰어도 되는 부분이 늘어나기 때문이다. 요새는 일일이 포스트잇에 적진 않는다. 그보다는 스마트폰 어플을 사용한다. 내가 손으로 했던 작업을 어플로 간편하게 해낼 수 있다. 앱스토어에서 검색어를 '도서'로 하게 되면 수많은 어플이 나오는데, 이 어플들의 상당수는 내가 어떤 책을 언제 읽었는지 기록하고 확인할 수 있도록 도와준다. 그 중 내가 쓰는 어플은 '데일리북'이라는 것인데, 4천 원의 유료 결제를 하면 그간 독서 상황이 모두 기록되며 작가별, 분야별, 월별 독서 기록 통계까지 제공된다. 이런 기록을 통해 책을 반복해서 읽는 동기를 얻을 수도 있다. '3번째 볼 때까지 일주일이 걸렸구나. 4일차와 5일차는 책을 안 읽어서 오래 걸렸네, 4번째는 딴짓 안하고 더 빨리 봐야겠다'와 같은 생각을 하게 되는 효과를 얻을 수 있다.

## 책략으로 이기는 것도 승리다 ——

시험공부란 분명한 목표가 있고 그것이 구체화된 점수로 나타난다. 따라서 합리적이고 효율적인 방식을 택하지 않으면 안 된다. 일격으로 적을 쓰러뜨린다는 각오로 싸우는 전사(戰士)의 심정이 되어야한다. 그래야 온갖 궁리를 다할 생각을 하게 된다. 지루하게 길게 끄는 전쟁은 싸우는 양쪽 모두를 지치게만 할 뿐이다. 지치기 전에 전쟁을 빨리 끝내야 하듯, 시험공부도 내가 지치기 전에 끝내야만 한다. 역사상 우수한 장군들은 언제나 전쟁의 역사와 병법에 통달해 있으며, 정직하게 힘으로만 상대를 이겨야 한다고는 믿지 않았다. 책략으로 상대를 이기는 것도 명예로운 승리고, 이러한 승리는 항상 가장 뛰어난 업적으로 간주되어 역사에 기록되곤 했다. 효율적인 싸움이란 우리 편은 덜 다치고 상대를 굴복시키는 것인데, 군사력만 믿고 싸우는 경우에는 그러기가 쉽지 않기 때문이다. 트로이 전쟁에서 가장 용맹스러웠던 용사는 아킬레우스였지만, 그는 결국 죽음을 맞았다. 10년간 계속된 트로이 전쟁을 끝냈던 사람은 용맹하게 싸웠던 아킬레우스가 아니라, 트로이의 목마를 생각해 낸 오디세우스였음은 의미심장하다.

시험이란 열심히 노력하는 사람이 이길 확률이 높은 싸움이다. 그러나 그것이 노력 외에 다른 모든 것은 포기해야 한다는 뜻은 아니다. 달리 남에게 피해를 주는 것이 아니라면 상식이라 해도 과감히 깨보는 시도도 필요하다. 열심히 필기를 할 거라면 차라리 필기가 되어 있는 교재를 사는 편이 어떨까. 그 편이 시간 절약에 도움이 되기 때문이다. 부디 필기할 시간에 차라리 교재를 한 번이라도 더 보길 권한다. 그리고 항상 말하지만 가장 좋은 것은 언제나 문제부터 푸는 것이다.

# 집에서는
# 공부하지 않는다

## 그냥 야자 시간에만 집중하자 ──

야자가 끝나기 10분 전이 되면 학생들은 시계를 보기 시작한다. 학교를 벗어날 마음의 준비를 하는 것이다. 다시 5분이 지나면 가방을 싸기 시작한다. 집에 가서 공부할 생각 때문이다. 아까 풀다 다 못 푼 수학 문제가 생각이 난다. 그러니까 수학 문제집을 챙긴다. 영어 모의고사 오답정리 숙제가 생각난다. 그러니까 영어 문제집도 챙긴다. 독서 감상문을 써야 하는데 깜빡 했다. 학교 홈페이지에 올리려면 책 뒤에 있는 줄거리라도 읽어봐야 하는데, 책도 챙겨야지. 이런 식으로 가방의 무게는 한없이 늘어난다. 이쯤 되면 공부를 결심한 건지 근력 운동을 결심한 건지 알 수가 없을 정도다.

공부에도 선택과 집중이 필요하다. 내가 하고 싶은 것과 할 수 있는 것 사이에는 분명한 차이가 있다. 다 보지 못할 걸 알면서도 그 많은 책을 가져가는 이유는 무엇일까? 불안하기 때문이다. 오늘 집에 가서 내가 뭘 공부하고 싶을지, 얼마나 공부할 수 있을지 모르기 때문이다. 또 다른 이유는 공부를 열심히 하겠다는 의욕이 꼭 끝날 때 발동하기 때문이다. 이는 시간과도 상관이 있다. 야자가 끝나는 시간은 대개 밤 10시나 11시 정도다. 낮에 늘어지다가도 밤이 되면, 그리고 끝날 시간이 되면 갑자기 의욕이 샘솟는 저녁형 인간이 의외로 많다. 게다가 어중간하게 끝내는 것을 싫어하는 인간 심리가 있기 때문이기도 한데, 이를 '자이가르닉 효과' 혹은 '미완성 효과'라고 부른다. 그러나 미완성된 것에 대한 아쉬움이 남아 있어야 공부도 된다. 공부가 덜 끝났어도 책을 딱 덮고 정확히 끝내는 마음가짐도 필요하다. 그래야 정해진 시간 동안 최선을 다해서 책을 본다. 또한 책을 집에 가져갔다가 일어나는 참사 중 하나는, 책을 깜빡하고 학교에 다시 챙겨오지 않는 경우가 생긴다는데 있다. 자주 봐야 할 책일수록 학교 사물함에 두고 가는 편이 낫다.

## 집은 쉬는 곳이다 ──

집에 가면 공부가 안 되는 이유는 쉬기 좋게 꾸며져 있기 때문이다. 집은 개인공간이라 내가 어떤 짓을 하든 남의 눈치를 볼 필요가 없다. 그러니까 공부를 하더라도 대충하게 된다. 감시자도 없고, 편하게 지내도 되는 곳이니까. 그래서 책상 앞에 앉아서 하다가 침대에 앉아서 하고, 다시 침대에 누워서 하다가, 잠깐 자고 일어나서 해야겠다고 생각한다. 사람이 나빠서 그런 것이 아니다. 애초 집이 쉬기 좋은 곳이어서 그렇다. 그러니 집에서 공부한다는 생각은 하지 않는 편이 좋다. 도서관이 공부하기 좋은 곳이듯, 집은 쉬기 좋은 곳이다. 그러니 주말에 도서관에 나가 공부할 게 아니라면 따로 짐을 챙겨 집에 갈 필요는 없다. 나는 항상 "집에서 공부할 수 있는 사람은 뭘 해도 성공할 사람"이라고 말한다. 그만큼 집에서 공부하는 게 어렵다는 뜻이다. 나도 집에서 공부하거나 일하는 날은 날씨 문제가 아니면 얼마 되지 않는다. 맹모삼천지교라는 말도 있지만, 공부 환경이 그만큼 중요한 것이다.

좀 다른 이야기지만 부동산 투자를 하는 사람들 사이에서는 중학교 전국 연합평가 학교별 평균이 중요시되기도 한다. 학교별 성적으로 서열을 매겨서 부동산 투자를 할 때 고려할 대상으로 삼는 것이다. 당연히 성적이 높은, 이른바 좋은 학군은 부동산 가격도 올라간다(나는 이런 생각을 좋아하진 않는다). 물론 당장의 거주지 환경을 학생이 어떻게 할 수는 없다. 하지만 내가 어디서 공부할지는 선택할 수 있다. 사실 어렵지도 않다. 그냥 자기가 가장 공부가 잘되는 곳을 찾아가면 된다. 예를 들면 도서관이나 독서실이 그렇다. 나는 시골의 지역 도서관에 간다. 도시에서 살 때보다 한가하고 여유로워 공부하기엔 더 좋다. 가까운데 공부할 곳을 놔두고 이동 시간 아낀다며 그냥 집에서 공부하겠다는 생각, 하지 않는 편이 좋다. 스스로도 믿지 않을 그런 자기합리화에 빠지지 말자. 공부하러 나가는 게 어렵다면, 다른 사람과 약속을 정해서라도 나가면 된다.

공부할 곳과 쉴 곳은 따로 마련해야 한다. 한꺼번에 같이 하려하면 이도 저도 되지 않기 때문이다. 집에는 공부할 책이 한 권도 없어도 괜찮다. 아니, 없는 게 정상이다. 쉬는 곳에 왜 책이 필요하단 말인가. 대신 집 바깥, 그러니까 학교나 도서관에서는 확실하게 공부하겠다는 마음가짐으로 열심히 하면 된다. 집에서는 눈치 보지 말고 쉬자. 집에서 논다고 잔소리할 부모님이 걱정되면 몇 시까지 쉬고 몇 시에는 도서관에 가서 공부하겠다고 처음부터 약속을 하라. 약속을 지키는 횟수가 늘어나면 잔소리는 반비례해서 줄어들 것이다.

# 03 그룹 과외는 피한다'

## 그룹과외는 왜 실패할까? ──

　내가 있는 곳은 시골이다 보니 변변한 학원이 없다. 그런데도 학생들은 어떻게든 학원을 잘도 찾아다닌다. 그나마 학원 진도도 따라가기 벅찬 학생들은 과외를 받아야 할 텐데, 그건 더욱 찾기 어렵다. 그나마 있더라도 영어와 수학뿐이며, 그룹과외가 아니면 안 된다. 개인 과외는 페이가 약하기 때문에, 차라리 할인을 해주더라도 그룹 과외를 하는 편이 강사 입장에서 유리하기 때문일 것이다. 하지만 이 경우 강사에게는 유리하지만 학생 입장에선 불리하다. 과외를 이용할 땐 어떻게 해야 하는가에 대한 내용은 다치바나 다카시의 『나는 이런 책을 읽어 왔다』에 상세하게 소개되어 있다. 저자의 주장에는 공감할 부분이 많은데, 이는 나 역시 과외 강사로 활동을 해본 경험이 있기 때문이다.

그룹 과외의 유리한 점은 무엇보다 가격이 낮아진다는 점이다. 정해진 것은 아니지만, 과외는 보통 1회당 한 시간 반에서 두 시간 정도로 이뤄지며, 한 달에 8번 정도 이뤄진다. 가격은 천차만별이나 여럿이서 들으면 가격이 싼 것은 지역과 종류를 불문하고 똑같다. 게다가 친구와 하다 보니 왠지 혼자 할 때보다 부담도 줄어든다. 하지만 그룹과외는 단점도 있다. 여기서부터는 다치바나의 『나는 이런 책을 읽어 왔다』를 인용하고 싶다. 작가 본인의 어학 과외 경험에 대해 쓴 내용인데, 꼭 어학 분야가 아니더라도 귀담아 들어 두면 도움이 되리라 생각한다.

(전략) …나는 학창 시절에 페르시아어를 배우기로 결심하고 이란인 유학생을 가정교사로 고용한 적이 있다. 당시 나는 중학생이나 고등학생들의 가정교사를 하면서 생활비를 벌고 있던 처지였기 때문에, 이란인 유학생 가정교사에게 지불하는 돈은 말 그대로 땀의 결정체였으며, 그래서 한 푼이라도 헛되지 않도록 이를 악물고 공부에 매달렸던 기억이 있다.

그 때의 경험에 비추어 볼 때, 어학을 배우려면 직접 가정교사를 고용하여 배우는 것이 가장 좋은 방법이라고 생각된다. 회화 테이프나 레코드를 사거나 어학 학원에 다니는 것과 비교할 때 훨씬 많은 비용이 들기는 하지만, 동시에 훨씬 큰 효과를 올릴 수 있으므로 비용 대비 효과를 생각한다면 아주 적은 비용으로 배우는 셈이 된다. 주의할 점은 비용을 좀 아껴 보려고 두세 사람이 함께 돈을 모아 가정교사를 고용하면 반드시 손해를 본다는 것이다.

어학을 배우려면 철저하게 집중적으로 지도를 받을 필요가 있다. 일 대 일로 지도를 받을 경우와 일 대 이로 지도를 받을 경우, 그 효과 면에서 틀림없이 두 배의 차이를 경험하게 될 것이다. 다시 말해, 비용이 반으로 줄어든 만큼 그 효과도 반으로 줄어들게 된다. 게다가 어학을 배울 때는 실수를 되풀이하며 창피를 당하면서 배울 필요가 있는데, 같이 배우는 사람이 있으면 실수하는 것조차 피하게 되는 경우가 많다. 만일 같이 배우는 사람이 세 사람이나 된다면 사정이 생겨 자주 빼먹기도 하는데, 이런 일이 반복되어 진도가 점점 늦어지면서 결국 그만두는 경우가 종종 발생한다.

언젠가 친구 한 사람과 함께 한국어를 배우려고 가정교사를 고용한 적이 있다. 그 때의 공부 효과는 페르시아어 가정교사를 혼자 고용하여 배웠을 때보다 반 이하였음을 자신 있게 말할 수 있다.

이렇게 말해 줘도 그럴 필요까지는 없다고 생각하는 사람일수록 이 방법을 꼭 권하고 싶다. 어렵게 마련된 자본금을 활용하는 것이니만큼 효과가 있다고 생각한다. 먹을 것을 줄여 가며 겨우겨우 모은 돈으로 가정교사를 고용하여 배운다면 그 효과는 절대적일 것이다. (후략)

다치바나 다카시, 『나는 이런 책을 읽어 왔다』

## 시험의 간격은 생각만큼 길지 않다 ──

단시간 내 집중해서 공부하기 위해서는 첫째, 방법을 알아야 하고, 둘째, 그것을 실행할 지속력이 있어야 한다. 고등학교 공부는 3년 과정이지만, 잘게 쪼개면 어차피 한 달 단위 시험의 연속일 뿐이다. 3월에 입학하여 3월 모의고사를 치르고, 4월 말쯤 중간고사를 본다. 6월에는 6월 모의고사를 치르며, 7월에는 기말고사를 본다. 이런 식으로 시험을 여러 번 치르기에 시험에 지치는 것이지만, 바꿔 말하면 장기 집중력은 생각만큼 필요하지 않다는 말도 된다. 수능을 생각해서 3년이라는 거창한 기간만 따질 필요는 없다는 뜻이다. 한 달이라는 짧은 기간 준비해서 시험을 치르는데 다른 친구와 놀면서 공부할 시간이 있을까? 그룹 과외를 하지 않음으로써 애초에 그 싹을 잘라야 한다. 노는 것이 나쁘다는 것이 아니다. 친구를 사귀지 말라는 말은 더욱 아니다. 돈을 아끼겠다고 어중간한 돈을 쓰면, 어중간한 결과만 나온다는 사실을 생각해야 한다는 뜻이다. 물론 가장 좋은 것은 언제 어디서든 혼자 공부할 수 있도록 체계를 갖추는 것임은 말할 필요도 없다.

학습상담을 하다 보면 무척 많은 학생들이 학원을 벗어나지 못하는 모습을 본다. 사교육을 굳이 받을 거라면, 위의 이유로 학원보다 과외가 낫다고 생각한다. 그것도 개인과외가 낫다고 생각한다. 다치바나도 말했듯이 공부란 모르는 것을 배우는 것이므로 애초 창피함을 무릅쓰고 배워야 하는 것이다. 그런데 그룹 과외를 하다 보면 친구가 의식되어 묻지 못한다. 창피해서도 있겠지만 빨리 진도를 나가야 하는데 자신 때문에 못 나가는 것 같아 미안한 마음이 드는 경우도 있어서 대충대충 넘어가기도 한다.

참고로 학교에서 수업을 하다 보면 정확히 몰라도 안다고 대답하는 학생들을 본다. 그럴 때마다 나는 이렇게 묻는다. "정말로 이해를 하는 거니? 아니면 이해를 하고 싶은 거니?"

내가 이렇게 물으면 많은 학생들이 웃는데 그 이유는 대강 대답하고 빨리 다음 내용을 들으려는, 혹은 저렇게 열심히 설명해주셨는데 또 다시 선생님을 고생시킬 수 없다는 이상한 방식의 예의가 작동함을 본인들도 알고 있기 때문일 것이다(아마 둘 다일 것이다). 하지만 수업의 목적은 애초 교사에 대한 예의바름의 표현이 아니다. 어떤 수업이든 가르치는 사람은 배우는 사람을 이해시키려 노력하는 게 당연하다. 물론 배우려는 사람도 그럴 자세가 되어 있어야 의미가 있겠지만. 배우는 것은 예의를 차리는 과정일 수 없다. 교사뿐만 아니라 친구에 대해서도 마찬가지다. 정말로 수업 시간에 질문하는 게 다른 사람에게 미안하다면 하다못해 수업 끝나고 나서라도 질문해야 맞지 않는가. 점잖은 예의를 차리다가 결국 아무것도 모른 채 끝나버리는 것은 바람직하지 않다. 본인의 성향을 고치기 어렵다면 언제든 물어볼 수 있는 전문 강사에게 일 대 일로 배우는 편이 도움이 될 것이다.

## 의욕 없는 친구는
## 멀리한다

### 세상을 한 가지 방법만으로 살아야 하는 건 아니다 ──

　세상을 살아가는 기준은 대략 두 가지로 나뉜다. '현재'를 살거나 '미래'를 살거나. 시험공부를 한다는 건 좋은 성적이라는 '보험'을 들어두기 위해서니 '미래'를 위해 살아가는 것이긴 한데, 사실 그게 말처럼 쉽지는 않다. 어차피 '좋은 성적 얻기, 좋은 대학 가기, 그리고 나서 좋은 직장 가기'라는 성공의 계단은 이미 부실 공사였다는 게 확인되었으니까. 다 같이 '기-승-전-공무원'일 것 같으면 애초 좋은 대학이 무슨 쓸모가 있겠는가. 대학 나와야만 공무원 시험 응시자격 생기는 것도 아닌데. 그러니 시험공부 자체의 의미가 도대체 무엇인지 모르는 나는 학교공부에 목숨 걸 필요가 없다고 누누이 말해오곤 했던 것이다. 그리고 나 또한 그저 시험이 필요 없거나, 시험을 준비하더라도 남과 굳이 경쟁할 필요가 없는 분야를 자꾸 찾게 된다.

가령 내가 책을 쓰는 것은 굳이 남과의 경쟁이 필요한 일이 아니다. 그보다는 나 자신의 게으름과 싸워야 하는 일이라고 보는 편이 맞다. 그런데 이 책은 도대체 왜 쓰는 것일까? 그 이유는 매년 나에게 "선생님, 도대체 공부는 어떻게 해요?"라고 묻는 학생들에게 더 이상 똑같은 답변을 대신할, 그럴듯한 무언가가 필요하기 때문이다. 더 솔직히 말하면 똑같은 말을 반복하는 일이 번거롭기 때문이다. 사실 정서적 유대관계를 강조하는 교사나, 나보다 세 배쯤 친절한 교사라면 이런 책을 쓸 궁리 같은 건 애당초 하지도 않았을 게 분명하다. 하지만 '너의 인생은 너의 인생, 나의 인생은 나의 인생, 내가 할 수 있는 만큼 가르칠 테니, 너도 할 수 없는 것을 해내려고 노력하진 마'라고 생각하는 나는, 애초 이런 종류의 의무감과는 거리가 멀다. 그 대신 학생들에게 어떤 식으로든 답은 줘야 할 것 같은 생각에 주말에도 책을 쓰는 것이다.

세상에는 수많은 친절한 교사가 있지만, 나처럼 불친절하고, 편한 걸 좋아하며, 너희도 빨리 편한 길을 찾아야만 한다고, 어서 빨리 그런 세상이 오도록 너희도 노력하라고 말하는 교사도 있는 법이다. 세상살이에는 참으로 많은 길이 있으니, 시험공부만이 성공의 길이라고 생각할 필요도 없으며, 친구와의 우정을 돈독히 하는 것 역시 나쁜 일은 아니라는 말은 한 마디쯤 해두고 싶다. 가끔 노래방에 가고, 피씨

방 가는 게 뭐 그리 잘못이란 말인가. 애초에 놀 곳이 그곳 밖에 없는 것이 더없이 슬픈 것이지. 자, 당신을 위한 위로는 여기까지.


## 어차피 할 거라면 집중해서 하자 ___

앞서 한 말이 진심이긴 하지만, 그럼에도 불구하고 사람은 의미를 추구하는 존재다. 그 의미로 시험 점수를 택했다면 당신이 할 일은 문제집을 펴고 공부를 하는 것일 게다. 그런데 이때의 문제점 중 하나는 꼭 옆에 친구가 있어야만 공부를 시작할 수 있다는 것이다. 이 친구가 나의 공부에 꼭 도움이 되는 건 아니라는 거, 물론 당신도 잘 알 거다. 그런데도 공부를 꼭 친구와 맞춰서 함께 해야 하는 이유가 뭘까. 난 도무지 알 수가 없다. 어쩌면 내가 개인주의자이기 때문에 더 이해하기 어려운 것인지도 모른다. 특히 당신이나 친구가 공부를 열심히 하는 사람이 아니라면 더욱 조심해야 한다. 문제집을 풀고 정답을 외우는 건 다른 공부법에 비해 좀 낫긴 하지만, 그래도 친구와의 수다만큼 재미있진 않다. 내가 설명하는 방식은 공부를 효율적으로 하는 방법일 뿐이다. 계속 말하지만 진짜 공부가 재밌어지는 것은 아는 것이 어느 정도 생기고, 그래서 속도가 붙을 때부터다. 그런데 사람은 흔히 재미있는 일에 마음을 쉽게 빼앗긴다. 친구와 노는 것은 언제나 공부보다 재미있다. 그 결과 공부의 순위는 언제나 뒤로 밀리고야 만다.

자습시간에 친구에게 모르는 걸 물어보기 위해 같이 공부하겠다는 학생들이 있다. 그럴 경우 나는 복도에 나가 따로 마련된 책상에서 공부를 하라고 한다. 아예 학습 방식에 따라 교실과 복도로 장소를 분리하는 것이다. 대개의 학생들은 잘 모르는 사실인데, 서로 질문하고 답을 하는 과정에선 학생들의 목소리가 크지 않다. 목소리가 커지는 때는 서로 잡담을 하는 경우다. 나는 대화 내용을 듣지 않고 목소리의 크기만으로도 학생들이 공부를 하는지 아닌지 거의 정확하게 맞출 수 있다.

약간 다른 이야기지만 어쩌면 주말 도서관의 빈자리를 채우는 게 가방뿐인 이유는, 학생들이 공부를 '빨리' 끝낼 수 있다는 믿음이 없기 때문은 아닐까. 어차피 길게 가야 하니까 친구와 놀면서 해도 된다고 생각하는 건지도 모른다. 그러나 그런 생각은 공부를 뒤로 미뤄두는 것일 뿐이다.

## 친구와 함께 하는 공부법 ─

친구와 함께 공부할 거라면, 서로 만날 시간을 정해 두는 편이 좋다. 특히 주말에 도서관에서 공부하는 경우라면 시간 약속을 정하고 늦을 경우 벌칙을 정하면 된다. 어른들 역시 각종 시험을 치르기 위해 공부하는 경우가 많은데, 이런 경우 벌금을 거는 경우가 있다. 벌금을

걷는 이유는 지각을 줄이기 위해서다. 보통 웬만한 규모의 도서관에는 열람실 좌석 이용권을 발급하면 시간이 찍힌다. 이 시간으로 언제 도착했는지 확인을 할 수 있다. 만약 열람실 자동 발급기가 없는 도서관이라면, 서로 입구에서 직접 만나는 시간을 정해두면 된다. 시간에 늦으면 음료를 사거나 하는 경우가 가장 많았던 것 같다. 별 것 아닌 것 같지만, 이렇게 하면 지각하는 경우가 확실히 줄어든다. 점심 식사시간, 저녁 식사시간도 미리 정해두고 만나면 된다. 그 외에 공부할 때에는 서로 붙어 앉지 말아야 한다. 서로가 시야에서 벗어나 있으면 혼자서 공부할 때의 집중력을 온전히 누릴 수 있다.

나는 전에 오전 독서 모임에 참여했던 적이 있다. 그 독서 모임시간이 오전 7시였는데, 이동 시간만 대략 2시간쯤 걸렸다. 오고 가는데 4시간을 써야 했던 것이다. 아침 7시까지 약속 장소에 가려면 새벽 4시 반에 일어나야 한다. 첫 버스를 타고 지하철역까지 간 다음, 다시 지하철을 타고 한 시간쯤 걸리는 거리를 이동했다. 그 사이에 환승도 한 번 하고 말이다. 그렇게 복잡한데도 나는 한 번도 늦은 적이 없다. 이유가 뭘까? 지각비를 걷었기 때문이다. 당시 독서 모임에 참여하려면 미리 10만원을 내야 했다. 그리고 1분이라도 늦으면 예외 없이 1회당 1만원씩 차감하는 방식이었다. 나뿐만 아니라 그 모임에 속한 어느 누구도 지각을 하지 않았다. 이렇게 하면 절대 돈도 잃지 않을뿐더러 효과는 확실하다.

그러나 무엇보다 중요한 건, 발전하고 싶다는 의지가 있는 사람과 어울려야 한다는 점 아닐까. 애초 공부하겠다는 생각이 없다면 벌금을 10만원이나 미리 내는 모임에 나올 리가 없다. 모이면 반드시 놀게 되는 친구와 함께 공부를 하겠다는 것 자체가 말이 안 된다. 현재의 즐거움을 포기할 생각이 없는 친구에게 미래를 위해 같이 공부하자는 건, 서로의 세계관 자체가 달라 이해할 수 없는데도 이해할 수 있다고 거짓말을 하는 것이다. 그런 거짓말을 하느니 차라리 거짓말을 하지 않아도 되는 의지력이 있는 친구를 찾는 편이 낫다고 생각한다. 노는 친구와 공부하는 친구는 서로 다를 수 있다. 가장 친한 친구와 모든 걸 함께 해야 한다고 생각할 필요도 없고, 놀기 좋아하는 친구와 억지로 관계를 단절할 필요도 없다.

학생들은 나에게 수도 없이 묻는다. 공부를 잘하는 비결이 뭐냐고. 말로는 설명할 수 없다는 게 내 생각이다. 한 시간 내내 설명해도 학생들은 그때 이해하고 말뿐, 그 내용을 그대로 기억해서 공부하진 않기 때문이다. 어쩌면 학생들 입장에서의 단순한 푸념일지도 모른다. 그래서 약간은 속는 기분으로 이 책을 썼다. 진심으로 실행할 마음이 있는지 어떤지 잘 모르겠기 때문이다. 그래도 도움이 되고 싶다는 생각이 없었다면 이 책은 쓰지 않았을 것이다. 그러나 앞서서도 밝혔지만, 세상에는 수많은 길이 있다. 내가 썼던 방법만이 최선이라고는 생각하지 않는다. 그저 이런 방법도 있다는 정도로 이해해 주면 되겠다.

아, 에필로그를 작성하다 보니 꼭 하고 싶은 말이 생각났다. 자신이 무엇을 위해 공부하고 싶은지를 먼저 생각해 보라는 것. 내 경우 책상 앞에 앉아 공부하고 글을 쓰는 이유는 두 가지로 압축된다. 하나는 '너가 틀렸어'라고 말하는 사람들에게 일일이 대꾸하는 게 번거롭기 때문이다. 앞으로 나는 점점 설명할 일이 줄어들 것이다. 내 책이 좋은 대답이 될 테니까. 또 하나는 책이 나에게 인세를 벌어다 주기 때문이다. 너무 솔직한가? 하지만 나는 그런 나를 인정하고 나서야 글을 더 잘 쓰게 되었다. 책을 한 페이지 쓸 때마다 인세로 무엇을 할까를 생각하는 일은 꽤 즐거운 일이다. 그리고 그러한 명확한 보상이 '책을 쓴다'는 결승점까지 나를 이끌어주었다.

책은 쉽게 나오는 법이 없다. 다른 사람의 책을 수십 권 이상은 읽고 정리하고, 거기에 내 생각을 입히고 나서야 책 한 권이 세상에 나온다. 그러니 책을 쓰기 위한 독서는 취미 수준의 독서일 수 없다. 한 권을 몇 번씩 읽고 따로 표시해두며 읽어야 한다. 자료 수집을 위한 독서니까 어쩔 수 없는 일이다. 그러니 수십 권의 책을 단기간 내 읽는다는 건 말만큼 쉽지 않다. 혼을 쏙 빼놓는 것들이 주변에 많아진 세상에선 더욱 그렇다. 스마트폰과 노트북이 훔쳐 가는 내 시간은 왜 그리도 많은지…….

나는 보통 사람보다는 다른 사람들과 많이 부딪치는 것 같다. 성격적으로 그렇다는 말이다. 내가 아는 좋은 것은 옳은 것인데, 많은 사람들은 좋은 게 좋은 거라고 한다. 학생들을 가르치는 사람들 중에

도 그런 말을 하는 사람들이 있다. 그들은 그들의 그런 부조리함을 융통성이란 단어로 포장하곤 한다. 또한 교사라고 학교가 마냥 즐거울 리는 없다. 어쨌든 직장이니까. 때때로 말도 안 되는 부당한 대우를 받는 게 학생밖에 없으리라 생각하진 말아 달라. 그럴 때마다 나를 그렇게 대하는 사람들에게 지지 않기 위해 공부했고, 그 결과를 글로 써서 기록했다. 노력하는 한, 내가 언젠가 그들을 추월할 수 있으리라 생각했기 때문이다. 결론부터 말하자면, 내 생각이 옳았다. 그들이 없었다면 나의 책은 세상에 나오지도 못했을 것이고, 반 년 만에 또 다시 책을 낸다는 생각 같은 건 하지 못했을 것이다. 극복해야 할 대상이 있다는 건 내 삶에 도움이 되었던 것 같다.

내가 원하는 것이 무엇일까. 곰곰이 생각해 보며 종이에 적어본 적이 있다. 일정 수준 이상의 수입, 남에게 무시 받지 않을 정도의 실력, 원하는 것을 충분히 할 수 있는 자유가 내가 원하는 것들이었다. 그것들을 적은 종이를 한참을 들여다보았다. 내가 어떻게 생겨먹은 사람인지, 나는 무엇을 바라는 사람인지 확인하고 싶어서. 그렇게 나 자신과 대면했다. 그러자 내가 왜 글을 쓰는지 답이 나왔다. 나는 이 일로 내게 필요한 것을 얻고 자유를 누린다. 세상을 위해 기여하고 싶은 마음도 있지만, 역시 나는 나의 행복이 소중하다. 그걸 이해하게 되자 나는 그럴 수 있는 내 생활에 진심으로 감사할 수 있었다.

자, 이제 공부를 잘하는 가장 좋은 방법을 다시 한 번 이야기하겠다. 당신도 솔직한 자신의 욕망을 만나라. 내가 그랬듯이 당신도 왜 공부하고 싶은지, 공부를 통해 무엇을 이루고 싶은지를 아주 솔직하게, 매우 솔직하게 생각하고 적어보라. 흔히 말하는 세상의 기준 말고 자신의 기준을 적어야 한다. 예를 들어 내가 '교사로서 사명감을 갖고 학생들의 올바른 인성을 함양하고, 실력을 기를 수 있도록 돕기 위해 학교에 근무한다'고 말한다면, 그건 틀림없는 위선이다. 나는 그렇게 생각하며 살진 않는다. 오히려 '학교는 내 직장이고 거기서 내가 대가를 받는 만큼, 내가 해야 할 일을 할뿐이다'고 생각한다. 그럼 왠지 마음이 좀 더 편해졌다. 그리고 그럴 때 내가 해야 할 일들에 좀 더 집중할 수 있었다. '내가 대가를 받고 있는 만큼, 이 일을 하는 것은 당연하다'와 같은 생각을 하게 되니까. 스스로 거짓말을 하며 살면 거짓이 나를 짓누르게 된다. 그러니 종이에 뭔가를 쓸 때에는 정직하게, 자신이 원하는 바를 솔직하게 적도록 노력해 보자. 느슨해질 때마다 다시 쓰고, 생각이 달라질 때마다 고치기도 하면서. 끝없이 나태해지는 정신을 단련하는 것은 생각만큼 쉽지 않다. 눈에 보이지 않는 정신을 다잡는 것은 꾸준한 노력이 요구되는 일이다.

세상이 어떻게 돌아가는지 알고 싶은가? 그렇다면 부동산 투자 서적을 몇 권 사서 읽어보기 바란다. 요즘은 참으로 쉽게 쓰인 책들이 많다. 왜 하필 부동산 투자 책이냐고? 투자 기법을 배우라는 말이 아

니다. 왜 어른들이 직장인이 되었는데도 또 다른 길을 찾는지, 세상이 어떻게 돌아가고 있는지 배웠으면 하는 마음에서다. 거기에는 치열하게 세상을 살고자 노력하는 어른들의 솔직하고 절절한 이야기가 들어 있다. 어른들 또한 여러분 못지않게 분투하며 살고 있다. 노력함에도 대우받지 못하고 살아가는 어른들의 숫자는 헤아릴 수도 없다. 직장에서 자기 삶을 포기한 채 일을 한 대가가 어떤 것인지는, 오직 노력해 본 사람만이 이해할 수 있다. 그렇게 자기희생을 몇 년 해보고 나면, 그 사람들은 정당한 대가가 돌아오지 않는 조직과 사회에 분노한다. 그들은 자신을 지킬 힘을 원했고, 그 결과 또 다른 길을 찾곤 했다. 내가 이전 책에서 '스스로 행복하기 위해 노력하라'는 말은 입에 발린 말이 아니다. 오직 그것만이 당신 삶을 구원할 수 있기에 했던 말이다.

책상 앞에 앉아 하는 단순한 시험공부란 참으로 낮은 수준의 공부다. 내가 교사라서 이런 말을 하긴 좀 민망하지만, 솔직히 내가 받는 느낌은 그렇다. 다만 이 말은 내가 오랫동안 혼자 마음속에 묻어두었던 말이다. 내가 가르치는 학생들에게도 이런 말을 해 본 적은 없다. 학교의 교사가 "너희가 배우는 것들은 하잘 것 없는 것들이야"라고 말할 수는 없었기 때문이다. 하지만 현실은 어떤가. 그 하잘 것 없는 것들이라도 열심히 배워서 시험을 치르고, 그 다음엔 빠른 속도로 잊어버려야 한다. 그래야 새로운 내용을 다시 배워 또 다시 시험을 치를 수 있으니까. 하지만 현실도 인정해야 한다. 어찌됐든 그렇게 자격을 취득한 사람이 진짜 공부를 시작할 수도 있다는 것, 학교의 시험이라든가 사회인이 치르는 자격증 시험이란, 결국 하고 싶은 일을 하기 위한 최소한의 필요조건이라는 것을 말이다.

정직하게 고백하건대, 공부를 하면서 순수한 즐거움을 느껴본 적이 몇 번이나 되었는지, 나는 잘 기억이 안 난다. 내 기억에 그런 순간은 거의 없다. 다만 문제를 반복적으로 풀고 성과가 나오면서, 그 과정에서 즐거움을 느꼈을 뿐이다. 사람마다 시작점은 다를 수 있겠지만, 그리고 속도도 다를 수 있겠지만, 누구나 그런 즐거움을 누릴 수 있으리라 생각한다. 시험이 다가오는 기간 동안, 압박감을 느껴가며 공부하면서도 한편으론 성취감을 느끼며 계속적 전진을 경험하는 상황, 그 상황은 힘들기도 하지만 즐거울 수도 있다.

당신이 무엇을 하게 되든, 앞으로 수차례의 시험을 겪을 것은 거의 분명하다. 세상이 당신에게 자격을 갖출 것을(혹은 그럴 듯해 보일 것을) 요구하기 때문이다. 내가 밝힌 공부 방법대로 당신이 제대로 해낸다면, 대개의 시험은 무난하게 준비할 수 있으리라 생각한다. 꼭 그럴 수 있기를 바란다.

당신의 앞날에 계속될 행운과 성공을 기대하며
2017년 5월 1일에

두 번째 책인데도 쓰기 쉽지 않은 것은 첫 번째와 똑같았다. 그래도 어찌어찌 한 권의 책이 나왔다. 항상 '즐길 수 없으면 피하고, 피할 수 없으면 미룬다'는 자세로 삶의 여유를 찾는 나인지라, 원고가 한없이 늦어졌다. 글 쓰는 시간 반, 노는 시간 반인 내가 스스로도 안타깝지만 어찌하랴. 그런데도 이해하고 기다려 주신 하늘아래 이종근 대표님께 감사의 말씀을 드리고 싶다. 속으로 많이 답답하셨을 듯도 한데 내색 한 번 하신 적이 없다. 거리가 거리인지라 한 번도 직접 뵙지 못했는데도 흔쾌히 출간해주시고, 출간 뒤에도 늘 관심을 보여 주시는지라 감사할 따름이다.

또한 책을 쓰기 위해 끊임없이 방향을 고민한 나에게 길을 알려주신 김병완 칼리지의 작가님과, 응원하고 도와주신 스텝분들, 동기분들에게도 감사하다.

그리고 항상 무조건적으로 내 편인 가족들에게도 감사의 마음을 전한다. 멀리서 직장 생활 잘하는지 어떤지 항상 관심 갖고 지켜봐 주시는 부모님, 내가 어떤 말을 하고 어떤 생각을 하든 항상 응원해주는 동생에게 고마울 따름이다. 올해 태어날 조카에게도 나중에 도움이 되는 책이었으면 싶다.

공부 때문에 스트레스 받아 하면서도 학교생활 꿋꿋하게 버티는 학생들도 참 대견하고 고맙다고 생각한다. 한 학년 진급하고 나서도 종종 놀러오고 말 걸어주는 명효, 학업 스트레스에 심적 고생이 심했던 명효가 아니었다면 이 책을 쓸 생각은 하지 않았을 것이다. 내가 맡은 동아리 대표라 나랑 자주 마주치는 서영이, 나보다도 산만한 우리 반 애들 잡느라 고생하는 반장 가현이. 그리고 자주 혼나면서도 돌아서면 또 밝게 웃는 우리 반 학생들이 고마울 따름이다. 인생에 학교 공부가 전부가 아니라고 믿는 담임인데, 믿고 따라와 주는 학생들을 만나 참 감사하다 싶다.

연수를 통해 평생 손꼽아보며 만날 수나 있을까 싶은 선생님들을 한 번에 만날 수 있게 도와주셨던 임명희 연구사님, 자신의 직분에 늘 충실하시고 후배 교사를 돕기 위해 노력하시는 백창훈 장학사님, 학교생활을 하다가 막히는 부분이 있어 여쭤보면 언제든지 살갑게 받아주시는 김문주 장학사님, 예고 없는 후배의 참관 수업 요청에도 매번 열린 마음으로 허락해주시는 박인화 수석선생님, 후배가 힘들어하면 기죽을까 봐 편들어주고 위로해 주시는 명혜정 수석선생님, 송승훈 선생님, 좋은 수업이란 무엇인가를 늘 보여주려 애쓰시는 임광찬 선생님께도 감사의 말씀을 올린다.

세월호의 아이들을 잊지 않고 늘 고생하시는 전교조 조창익 위원장님과 집행부 선생님들에게도 감사의 마음을 담아 이 책을 바친다.

마지막으로 이 책을 읽어주신 모든 독자분들께 진심으로 감사드린다.